ERSTE AUSGABE - Veröffentlicht 2022

Extra Grafikmaterial von: www.freepik.com
Dank an: Alekksall, Starline, Pch.vector, Rawpixel.com, Vectorpocket, Dgim-studio, Upklyak, Macrovector, Stockgiu, Pikisuperstar & Freepik.com Designers

Kostenlose Online-Spiele Entdecken

Hier Erhältlich:

BestActivityBooks.com/FREEGAMES

5 TIPPS FÜR DEN ANFANG!

1) LÖSUNG DER RÄTSEL

Die Puzzles haben ein klassisches Format :

- Die Wörter sind ohne Abstand, Bindetrich usw… versteckt
- Richtung : vor-& rückwärts, auf & ab oder in der Diagonale (beider Richtungen)
- Die Wörter können übereinanderliegen oder sich kreuzen

2) AKTIVES LERNEN

Neben jedem Wort ist ein Abstand vorgesehen zum Aufschreiben der Übersetzung. Um ihre Kenntnisse zu überprüfen und zu erweitern befindet sich am Ende des Buches ein **WÖRTERBUCH**. Suchen sie die Übersetzungen, schreiben sie sie auf, dann können sie sie in den. Puzzles suchen und ihrem Wortschatz hinzufügen.

3) ANZEICHNUNG DER WÖRTER

Haben sie schon einmal versucht eine Anzeichnung zu verwenden? Sie könnten zum Beispiel die Wörter, die schwer zu finden sind, ankreuzen, die Wörter, die sie lieben, mit einem Stern, neue Wörter mit einem Dreieck, seltene Wörter mit einem Diamant usw … anzeichnen

4) IHR LERNEN ORGANISIEREN

Am Ende dieser Ausgabe bieten wir auch ein praktisches **NOTIZBUCH** an. Ob im Urlaub, auf Reisen oder zu Hause, sie können ihr neues Wissen ganz einfach organisieren, ohne ein zweites Notizbuch zu benötigen!

5) SIND SIE AM SCHLUSS ?

Gehen sie zum Bonusbereich : **MONSTER-HERAUSFÖRDERUNG,** um ein kostenloses Spiel zu finden, das am Ende dieser Ausgabe angeboten wird !

Lust auf mehr Spaß und **Lernaktivitäten?** **Schnell und einfach :** eine ganze Spielbuchsammlung mit einem einzigen Klick erhaltbar :

Mit diesem Link finden sie ihre nächste Herausforderung :

BestActivityBooks.com/MeineNachsteWortsuche

Achtung, fertig, ... Los !!

Wussten sie, dass es auf der Welt ungefähr 7.000 verschiedene Sprachen gibt ? Wörter sind kostbar.

Wie lieben Sprachen und haben schwer daran gearbeitet, die Bücher von höchster Qualität für sie zu entwerfen. Unsere Zutaten ?

Eine Auswahl von angepassten Lernthemen, drei große Scheiben Spaß, dann fügen wir einen Löffel schwieriger Wörter und eine Prise seltener Wörter hinzu. Wir servieren sie mit Sorgfalt und ein Maximum an Freude, damit sie die besten Wortspiele lösen und Spaß am Lernen haben.

Ihre Meinung ist wichtig. Sie können aktiv zum Erfolg dieses Buches beitragen, indem sie uns eine Bemerkung hinterlassen. Sagen sie uns, was ihnen an dieser Ausgabe am besten gefallen hat !!

Hier ist ein kurzer Link, der sie zu ihrer Bewertungsseite führt

BestBooksActivity.com/Rezension50

Vielen Dank für ihre Hilfe und viel Spaß

Linguas Classics

1 - Ozean

```
J  M  G  O  T  A  W  F  Đ  B  F  V  K  Z
G  E  T  U  N  A  T  N  N  Đ  G  Đ  O  M
V  D  G  H  O  B  O  T  N  I  C  A  R  V
I  U  K  U  P  V  L  R  R  J  K  T  N  T
M  Z  R  D  L  U  U  I  S  O  L  K  J  O
E  A  U  S  I  J  J  B  P  O  P  A  A  K
U  B  C  A  M  R  A  A  U  F  U  M  Č  O
P  C  E  V  E  N  Š  M  Ž  E  V  E  A  R
M  E  V  W  G  R  A  K  V  Č  J  N  G  A
G  R  E  B  E  N  U  J  A  A  P  I  U  L
K  H  C  F  D  U  P  I  N  M  R  C  G  J
M  O  R  S  K  I  P  A  S  A  P  A  P  A
B  B  G  S  I  I  G  J  D  C  T  I  N  G
W  T  K  I  T  V  A  L  O  V  I  L  Đ  Y
```

JEGULJA	HOBOTNICA
KAMENICA	MEDUZA
ČAMAC	GREBEN
DUPIN	SOL
RIBA	KORNJAČA
ŠKAMPI	SPUŽVA
PLIME	OLUJA
MORSKI PAS	TUNA
KORALJA	KIT
RAK	VALOVI

2 - Schule #1

```
E  G  L  K  K  Y  S  U  K  P  L  U  Z  W
N  P  Z  H  P  F  T  Č  N  R  U  Č  A  K
J  F  Z  C  N  L  O  I  J  I  Č  I  B  N
A  M  Y  Đ  P  F  L  T  I  J  I  T  A  J
C  H  P  K  C  A  I  E  Ž  A  O  I  V  I
O  L  O  V  K  E  C  L  N  T  N  M  A  G
P  A  P  I  R  O  A  J  I  E  I  A  B  E
E  L  R  Z  L  L  D  L  C  L  C  P  E  B
I  S  T  O  L  O  V  G  A  J  A  E  C  R
H  S  H  P  Y  V  P  B  O  I  U  W  E  O
T  N  P  U  Đ  K  R  M  A  V  H  F  D  J
N  V  D  I  D  A  D  P  I  U  O  L  A  E
M  M  O  O  T  W  I  Đ  E  Đ  K  R  H  V
G  G  U  V  Y  I  S  J  T  W  Y  B  I  I
```

ABECEDA	MAPE
ODGOVORI	PAPIR
KNJIŽNICA	ISPITI
OLOVKA	KVIZ
KNJIGE	STOL
PRIJATELJI	ZABAVA
UČIONICA	OLOVKE
UČITELJ	STOLICA
UČITI	BROJEVI
RUČAK	

3 - Meditation

```
T  Đ  C  V  Z  E  P  C  D  V  U  D  G  S
E  I  J  S  S  S  R  E  Ć  A  Č  G  B  T
J  Y  Š  C  U  Č  I  T  I  S  E  P  J  K
R  H  K  I  Z  A  H  V  A  L  N  O  S  T
F  F  R  K  N  B  V  P  P  Đ  J  K  L  A
M  I  R  A  N  A  A  R  A  J  A  R  J  B
I  E  G  M  H  R  Ć  I  Ž  A  J  E  U  M
S  S  N  K  D  R  A  R  N  S  I  T  B  Y
L  G  W  T  O  J  N  O  J  N  R  M  A  H
I  T  L  G  A  J  J  D  A  O  G  I  Z  G
P  T  S  A  F  L  E  A  U  Ć  Y  R  N  E
O  L  U  G  Z  J  N  Z  D  A  S  Z  O  D
Y  F  H  G  K  B  W  O  J  C  H  N  S  O
L  Y  W  R  P  W  A  B  U  D  A  N  T  N
```

PRIHVAĆANJE	JASNOĆA
PAŽNJA	UČENJA
POKRET	UČITI
ZAHVALNOST	GLAZBA
LJUBAZNOST	PRIRODA
MIR	MIRAN
MISLI	TIŠINA
MENTALNO	UM
SREĆA	BUDAN

4 - Meisterschaft

```
C  T  R  N  C  O  H  Đ  A  Y  S  T  P  T
Đ  Y  P  O  B  J  E  D  A  D  P  I  R  R
S  T  R  A  T  E  G  I  J  A  O  Z  V  E
M  E  D  A  L  J  A  S  P  O  R  V  E  N
M  O  T  I  V  A  C  I  J  A  T  O  N  E
P  L  I  P  S  B  J  I  C  N  S  Đ  S  R
F  I  M  S  R  D  W  T  G  R  K  E  T  Z
I  G  N  U  H  V  A  C  F  R  I  N  V  N
N  A  J  D  K  B  A  B  D  B  E  J  O  O
A  U  U  A  Z  I  Đ  K  N  J  M  E  Đ  J
L  G  Đ  C  C  Y  D  Đ  T  O  Y  Đ  U  E
I  Z  D  R  Ž  L  J  I  V  O  S  T  S  N
S  Z  C  L  K  Y  T  R  R  Đ  I  Z  Z  J
T  U  R  N  I  R  Z  L  B  H  M  Y  Y  E
```

IZDRŽLJIVOST	SUDAC
PRVAK	ZNOJENJE
FINALIST	POBJEDA
LIGA	IGRE
TIM	SPORTSKI
MEDALJA	STRATEGIJA
PRVENSTVO	TRENER
MOTIVACIJA	TURNIR
IZVOĐENJE	

5 - Insekten

```
D U P N J W M O L J A C U V
B O G O M O L J K A W L F I
W S R Y S P Č E L A R W P L
K T I R V R H T A P D V L I
K B U B A M A R A B S L A N
O U P H C V H J D K D S N K
M S K A K A V A C A F N Ž O
A R B U B A N E S R F O O N
R L A K W F P E M L V S H J
A E C V R Č A K B I J A A I
C P B L I S N E U Š I T R C
S T R Š L J E N H P K P P E
A I V J Z B L J A K U C V U
P R U V I O H T E R M I T N
```

MRAV	VILIN KONJIC
PČELA	BUBAMARA
LISNE UŠI	MOLJAC
BUHA	KOMARAC
BOGOMOLJKA	LEPTIR
SKAKAVAC	TERMIT
STRŠLJEN	OSA
ŽOHAR	CRV
BUBA	CVRČAK
LARVA	

6 - Dinosaurier

```
P  B  C  S  W  G  M  A  Z  S  V  U  W  O
L  R  I  S  L  U  A  U  B  V  E  T  K  G
I  M  A  L  F  S  M  J  B  E  L  T  R  R
J  G  F  P  J  A  U  V  D  J  I  S  I  O
E  F  P  A  O  O  T  R  Đ  E  Č  M  L  M
N  O  K  P  J  V  J  I  E  D  I  E  A  A
F  O  S  I  L  I  I  E  O  P  N  V  S  N
G  C  C  G  I  G  L  J  D  W  A  O  N  D
M  E  S  O  Ž  D  E  R  E  I  N  L  A  Z
V  E  L  I  K  I  V  U  J  S  J  U  Ž  E
S  H  Z  B  L  U  R  D  Y  V  N  C  A  M
Y  O  P  Đ  R  N  S  B  Z  V  G  I  N  L
V  R  D  N  E  S  T  A  N  A  K  J  L  J
F  E  J  Z  A  Č  A  R  A  N  I  A  K  A
```

SVEJED	VELIKI
VRSTA	VELIČINA
PLIJEN	SNAŽAN
ZAČARANI	MAMUT
OGROMAN	BILJOJEDI
ZEMLJA	PRAPOVIJESNI
EVOLUCIJA	GMAZ
MESOŽDER	REP
KRILA	NESTANAK
FOSILI	

7 - Obst

```
Đ  P  V  W  D  Š  W  V  F  B  N  M  M  B
R  D  C  D  C  R  L  K  U  P  I  N  A  A
N  H  G  H  I  W  O  J  I  L  Z  B  R  N
S  T  R  E  Š  N  J  A  I  N  C  O  E  A
Z  V  O  R  P  S  J  F  R  V  U  B  L  N
J  H  Ž  N  A  P  O  A  C  B  A  I  I  A
Đ  L  Đ  R  P  J  A  B  U  K  A  C  C  F
E  V  E  P  A  M  K  R  U  Š  K  A  A  S
K  I  V  I  J  S  A  N  A  R  A  N  Č  A
A  V  O  K  A  D  O  L  R  M  N  G  V  L
B  R  E  S  K  V  A  I  I  K  A  R  U  U
K  O  K  O  S  J  G  M  J  N  N  E  K  J
E  T  Đ  G  A  Đ  P  U  A  N  A  J  H  L
W  P  M  B  V  K  H  N  A  J  S  P  J  Đ
```

ANANAS	TREŠNJA
JABUKA	KIVI
MARELICA	KOKOS
AVOKADO	DINJA
BANANA	NARANČA
BOBICA	PAPAJA
KRUŠKA	BRESKVA
KUPINA	ŠLJIVA
GREJP	GROŽĐE
MALINA	LIMUN

8 - Schule #2

```
B  T  M  I  I  I  V  I  K  E  N  D  O  M
G  R  A  M  A  T  I  K  A  U  I  Đ  B  K
N  B  I  U  Č  E  N  J  E  D  W  O  R  A
K  Y  Z  S  R  A  Č  U  N  A  L  O  A  L
W  D  E  J  A  U  T  O  B  U  S  R  Z  E
U  B  R  I  Đ  Č  H  L  G  B  H  U  O  N
Z  L  N  Z  G  I  G  O  Y  J  W  K  V  D
Š  K  A  R  E  T  O  V  P  U  V  S  A  A
L  Đ  Đ  T  N  E  T  K  B  A  Y  A  N  R
C  C  S  V  T  L  T  A  L  W  P  K  J  Y
N  M  I  K  N  J  I  G  E  L  K  I  E  J
Y  O  L  O  V  K  E  R  V  D  J  Y  R  S
Č  I  T  A  N  J  E  Z  N  A  N  O  S  T
A  R  F  O  N  K  N  J  I  Ž  N  I  C  A
```

KNJIŽNICA	UČENJE
OBRAZOVANJE	ČITANJE
OLOVKA	PAPIR
AUTOBUS	BRISAČ
KNJIGE	RUKSAK
RAČUNALO	ŠKARE
GRAMATIKA	OLOVKE
KALENDAR	ZNANOST
UČITELJ	VIKENDOM

9 - Spielzeuge

```
W O D Z C N Č R U S D T L A
B M R M Z R A K O P L O V U
U I F A C W M W K Đ U B G T
B L C J T H A A J I T O W O
N J H I J S C K Š L K J O M
J E S Z K G M V A T A I V O
E N R Đ N L Đ L H Đ A C T B
V I R W S I I O B R T E P I
I V L A K N N P R O B O T L
S W I M Z A U T I D U V H F
A Z I F Z R H A C G K B F E
K N J I G E A C Y Z R A P B
H H R O Y I R Đ L Y F E P Y
G N V V K A M I O N U P F E
```

AUTOMOBIL   KAMION
LOPTA   MAŠTA
ČAMAC   LUTKA
BOJICE   ROBOT
KNJIGE   ŠAH
ZMAJ   BUBNJEVI
BICIKL   IGRE
OMILJENI   GLINA
ZRAKOPLOV   VLAK
OBRT

10 - Komödie

```
K G W E O C D U I K P S K Đ
H L P F E V N L J A G M A O
U U A Š A L E I C R L I Z P
E M M U S P P F O F U J A L
H A E O N L S Z I Y M E L J
U C T F R O G Y A Y I H I E
A R A H I W V D U B C S Š S
E I N Ž A N R I L S A S T A
Y K S M I J E Š N O L V E K
I M P R O V I Z A C I J A B
A Y J T E L E V I Z I J A S
I Z R A Ž A J A N T C P B M
P U B L I K A R M V R C H A
O Z F A O P A R O D I J A L
```

PLJESAK
IZRAŽAJAN
KLAUNOVI
TELEVIZIJA
ŽANR
HUMOR
IMPROVIZACIJA
PAMETAN
SMIJEŠNO

SMIJEH
PARODIJA
PUBLIKA
GLUMAC
GLUMICA
ZABAVA
KAZALIŠTE
ŠALE

11 - Camping

```
Z F K A R T A K U K A C M V
P A V A N T U R A P Z S J W
R L B K B Z Ž Š A T O R E R
I Y A A H I E U T H T T S J
R L Y N V I N M H M Y M E E
O O W U I A D A G C V Y C Z
D V W D S N F E N J E R P E
A I O M S S A Š E Š I R B R
H S Ž I V O T I N J E K Y O
K E V A T R A S F G Đ O C C
O Ć A O M A V T R Y Y M D K
L A E B M A K I G B U P B H
B I I Z K S F K U U L A V F
L G T O C P M G E O J S E Y
```

AVANTURA	KOMPAS
PLANINA	FENJER
VATRA	MJESEC
VISEĆA	PRIRODA
ŠEŠIR	JEZERO
KUKAC	UŽE
LOV	ZABAVA
KABINA	ŽIVOTINJE
KANU	ŠUMA
KARTA	ŠATOR

12 - Zeit

```
N  Ć  N  A  F  A  G  S  P  R  I  J  E
A  F  Y  D  F  D  P  O  D  N  E  W  Y  N
K  R  A  N  O  L  M  D  K  S  V  M  W  M
O  F  I  P  Đ  D  U  I  N  T  Z  N  R  W
N  U  B  S  P  P  K  Š  N  H  A  K  S  K
T  R  W  D  S  V  G  N  T  U  C  N  A  K
W  J  U  T  R  O  M  J  B  I  T  K  D  A
M  G  E  U  P  E  J  I  C  Đ  E  A  A  L
G  J  N  D  D  E  S  E  T  L  J  E  Ć  E
O  A  E  D  A  N  A  S  N  D  U  O  F  N
D  Đ  I  S  E  N  T  Đ  O  D  Č  Z  J  D
I  D  A  N  E  S  T  O  L  J  E  Ć  E  A
N  O  P  G  L  C  Y  C  A  J  R  L  N  R
A  R  O  B  U  D  U  Ć  N  O  S  T  Z  G
```

RANO	PODNE
JUČER	MJESEC
DANAS	JUTRO
GODINA	NAKON
STOLJEĆE	NOĆ
DESETLJEĆE	DAN
GODIŠNJI	SAT
SADA	PRIJE
KALENDAR	TJEDAN
MINUTA	BUDUĆNOST

13 - Säugetiere

```
Z  Đ  T  P  V  T  C  W  K  F  K  N  S  B
S  H  Z  B  A  G  Z  B  L  E  L  J  R  L
Ž  L  L  K  B  A  O  V  C  E  O  H  F  F
I  A  O  G  W  A  D  R  T  M  K  B  R  W
R  V  S  N  F  P  Z  P  I  B  A  P  A  S
A  U  N  K  O  J  O  T  G  L  N  C  M  V
F  K  O  N  J  C  Y  P  A  D  A  B  A  R
A  S  S  P  A  N  T  E  R  A  D  F  J  A
Đ  Y  I  O  J  B  Š  T  A  K  O  R  M  H
T  B  T  H  T  M  Y  Z  E  B  R  A  U  L
P  E  I  I  R  Y  G  U  H  N  U  K  N  Đ
B  Z  P  N  L  D  L  I  S  I  C  A  E  A
Y  I  G  A  A  K  I  T  P  C  A  L  C  I
B  G  K  K  B  O  H  M  H  W  M  K  W  V
```

MAJMUN
SNOSITI
DABAR
SLON
LISICA
ŽIRAFA
GORILA
PAS
KLOKAN
KOJOT

LAV
PANTERA
KONJ
ŠTAKOR
OVCE
BIK
TIGAR
KIT
VUK
ZEBRA

14 - Astronomie

```
T K O M E T K O Z M O S S A
E Z O D I J A K E P B K U S
L V Z N H E M U M L E M P T
E J V V S G O L L A K V E E
S E H V I T J H J N N M R R
K Z S H W J E T A E E J N O
O D M A V P E L D T B E O I
P A E S T B F Z A A O S V D
S R T H R E R D D C C E A K
V N E M A G L I C A I C P U
E I O V K W Y I F K M J T O
M C R U E A Đ I T P W U A Z
I A A S T R O N A U T S J N
R H Đ M A S T R O N O M F I
```

ASTEROID
ASTRONAUT
ASTRONOM
ZEMLJA
NEBO
KOMET
KONSTELACIJA
KOZMOS
METEOR
MJESEC

MAGLICA
ZVJEZDARNICA
PLANETA
RAKETA
SATELIT
ZVIJEZDA
SUPERNOVA
TELESKOP
ZODIJAK
SVEMIR

15 - Ballett

```
G  T  I  O  S  T  I  L  W  J  R  P  G  Y
R  E  N  L  R  K  I  A  S  P  G  L  E  N
A  H  T  V  T  K  L  D  D  R  F  E  S  Y
C  N  E  L  E  U  E  A  S  O  E  S  T  I
I  I  N  M  L  R  H  S  D  B  C  A  A  Z
O  K  Z  L  I  Z  R  I  T  A  M  Č  P  R
Z  A  I  S  A  Š  I  B  B  A  T  I  U  A
A  T  T  L  E  I  I  Z  N  C  R  E  B  Ž
N  Đ  E  S  O  L  O  Ć  Y  K  J  F  L  A
J  B  T  V  J  E  Š  T  I  N  A  V  I  J
U  M  J  E  T  N  I  Č  K  I  W  C  K  A
K  O  R  E  O  G  R  A  F  I  J  A  A  N
B  A  L  E  R  I  N  A  G  L  A  Z  B  A
P  L  J  E  S  A  K  O  K  K  T  E  J  M
```

GRACIOZAN	GLAZBA
PLJESAK	MIŠIĆI
IZRAŽAJAN	ORKESTAR
BALERINA	PROBA
KOREOGRAFIJA	PUBLIKA
VJEŠTINA	RITAM
GESTA	SOLO
INTENZITET	STIL
SKLADATELJ	PLESAČI
UMJETNIČKI	TEHNIKA

16 - Strand

```
I  K  N  V  K  I  T  F  N  Z  D  P  O  Y
Đ  W  E  U  G  D  Đ  D  B  N  H  L  C  G
B  H  P  R  I  S  T  A  N  I  Š  T  E  L
D  V  A  P  I  J  E  S  A  K  H  O  A  A
O  D  M  O  R  Č  A  M  A  C  G  F  N  G
H  C  V  K  B  H  M  A  O  N  A  Y  N  U
G  R  E  B  E  N  F  Đ  T  R  D  R  P  N
K  I  Š  O  B  R  A  N  O  U  E  A  V  A
H  A  P  R  U  Č  N  I  K  P  Đ  K  L  L
O  B  A  L  A  C  R  G  R  G  L  S  K  E
P  L  I  V  A  T  I  A  F  H  I  A  M  N
J  E  D  R  I  L  I  C  A  I  G  L  V  L
S  U  N  C  E  I  T  S  B  N  H  P  W  A
G  J  C  A  V  U  C  Z  T  W  J  L  G  W
```

PLAVA	OCEAN
ČAMAC	KIŠOBRAN
PRISTANIŠTE	GREBEN
RUČNIK	PIJESAK
OTOK	SANDALE
RAK	PLIVATI
OBALA	JEDRILICA
LAGUNA	SUNCE
MORE	ODMOR

17 - Restaurant #1

```
K B A K U T N I R V K H V S
O J L F H Y U I T K N A H V
N O Ž A F L G O G C Y E V S
O V P J G P I L E T I N A A
B V T G W A G P K C J D J D
A L E R G I J A U D R R Y S
R T A N J U R N H R A N A E
I D M P G M Y O I U B R U S
C E E B R A T E N K B V S Z
A S Đ M T K K N J G Đ V V D
J E R E Z E R V A C I J A J
D R P S P B O U W W C N Đ E
F T Y O W H U E H W G K E L
J E L O V N I K E C S O M A
```

ALERGIJA	KUHINJA
KRUH	JELOVNIK
DESERT	NOŽ
HRANA	REZERVACIJA
MESO	ZDJELA
PILETINA	UBRUS
KAVA	UMAK
BLAGAJNIK	TANJUR
KONOBARICA	AKUTNI

18 - Geologie

```
Z D E R O Z I J A Y A L K E
O C S T A L A G M I T I O M
N H O Y Z S G E J Z I R N H
A T L Y C O T F G I C O T V
K O R A L J A O L N P M I U
A P F J H F Y S P A H Y N L
V P O V O K G I H L V Z E K
E L K T D A N L Đ K J A N A
R A O L R M R S A V K E T N
N T K I S E L I N A A T N T
A O L W N N S Đ H R L O P Z
S T A L A K T I T C C L F M
M I N E R A L I S B I Z H Đ
B C H E V O O U L R J O L F
```

POTRES
EROZIJA
FOSIL
RASTOPLJEN
GEJZIR
KAVERNA
KALCIJ
KONTINENT
KORALJA
LAVA

MINERALI
PLATO
KVARC
SOL
KISELINA
STALAGMITI
STALAKTIT
KAMEN
VULKAN
ZONA

19 - Wissenschaft

```
G O E H B J S U P T P I R A
R R K Đ Đ V N E O J R N P U
A G S L Č Đ Đ Đ D K I F I U
V A P E I E K U A W R O U J
I N E P U B S L C H O S U H
T I R N B H M T I V D I M I
A Z I A T O M O I M A L I P
C A M B I L J E L C A V N O
I M E F I Z I K A E E N E T
J M N R K E M I J S K I R E
A E T V C L Đ T Z A E U A Z
Č I N J E N I C A W S Đ L A
L A B O R A T O R I J J I E
M B M E T O D A O Y P E O R
```

ATOM   MINERALI
KEMIJSKI   MOLEKULE
PODACI   PRIRODA
EKSPERIMENT   ORGANIZAM
FOSIL   ČESTICE
HIPOTEZA   BILJE
KLIMA   FIZIKA
LABORATORIJ   GRAVITACIJA
METODA   ČINJENICA

20 - Bildende Kunst

```
P  H  J  N  J  E  P  M  P  K  G  J  J  B
K  E  R  A  M  I  K  A  U  G  L  J  E  N
K  P  R  A  D  N  T  T  A  M  I  J  B  I
I  R  O  S  Y  G  J  R  T  L  N  E  R  E
U  V  E  R  P  S  L  I  K  A  A  V  L  W
M  K  I  A  T  E  A  C  F  I  L  M  S  S
J  R  O  J  T  R  K  A  O  L  O  V  K  A
E  E  I  W  G  I  E  T  C  Y  E  V  U  S
T  D  T  B  P  G  V  T  I  U  W  O  L  T
N  A  V  E  Y  Đ  N  N  M  V  A  S  P  A
I  S  T  A  L  A  K  C  O  C  A  A  T  V
K  U  M  Đ  C  Y  L  S  O  S  Y  K  U  T
R  E  M  E  K  D  J  E  L  O  T  E  R  Y
A  R  H  I  T  E  K  T  U  R  A  G  A  C
```

ARHITEKTURA	REMEK-DJELO
OLOVKA	PERSPEKTIVA
FILM	PORTRET
SLIKA	MATRICA
UGLJEN	SKULPTURA
KERAMIKA	STALAK
KREATIVNOST	GLINA
KREDA	VOSAK
UMJETNIK	SASTAV
LAK	

21 - Sport

```
F  Y  G  P  O  B  J  E  D  N  I  K  B  S
F  I  I  P  L  I  V  A  T  I  Y  E  E  Z
I  I  M  O  M  C  Z  M  M  G  D  P  J  M
Đ  Z  N  K  T  I  G  T  P  R  T  D  Z  S
D  M  A  R  T  K  I  C  R  A  T  D  B  U
F  C  Z  E  I  L  M  P  V  Č  E  T  O  D
I  B  I  T  M  F  N  J  E  J  N  D  L  A
V  H  J  S  B  T  A  Đ  N  S  I  I  J  C
Đ  U  A  T  I  T  S  B  S  T  S  H  U  M
A  H  L  A  G  M  T  D  T  M  O  M  H  H
Đ  Z  K  D  R  N  I  G  V  V  D  C  O  N
F  I  T  I  A  V  K  K  O  Š  A  R  K  A
A  S  P  O  R  T  A  Š  N  L  H  E  E  N
T  R  E  N  E  R  J  T  B  I  F  Z  J  L
```

SPORTAŠ	TIM
BEJZBOL	PRVENSTVO
KOŠARKA	SUDAC
POKRET	PLIVATI
HOKEJ	IGRA
BICIKL	IGRAČ
POBJEDNIK	STADION
GOLF	TENIS
GIMNAZIJA	TRENER
GIMNASTIKA	

22 - Mythologie

```
Č  T  O  S  U  U  W  Z  E  P  R  L  Đ  S
A  E  S  N  A  G  A  G  Z  N  K  J  C  T
R  B  V  J  U  N  A  K  T  R  A  U  U  V
O  L  E  S  M  R  T  N  I  K  T  B  O  A
B  A  T  S  Z  A  A  U  R  D  A  O  M  R
N  B  A  F  M  Y  G  S  W  R  S  M  U  A
I  I  R  T  H  R  Đ  N  O  R  T  O  N  N
M  R  H  W  Z  L  T  S  O  K  R  R  J  J
V  I  E  Z  I  Đ  F  N  E  B  O  A  A  E
S  N  T  G  W  T  D  E  O  T  F  E  P  I
O  T  I  R  A  T  N  I  K  S  A  Z  Đ  T
J  J  P  L  E  G  E  N  D  A  T  R  U  C
G  R  M  L  J  A  V  I  N  A  A  L  D  K
K  U  L  T  U  R  A  H  B  V  F  Z  Z  O
```

ARHETIP	KULTURA
MUNJA	LABIRINT
GRMLJAVINA	LEGENDA
LJUBOMORA	ČAROBNI
JUNAK	OSVETA
NEBO	SNAGA
KATASTROFA	SMRTNIK
STVARANJE	BESMRTNOST
RATNIK	

23 - Restaurant #2

```
B  L  Đ  I  R  S  A  L  A  T  A  R  R  E
I  W  E  R  Z  T  V  Đ  P  I  Ć  E  L  J
A  L  I  D  P  O  V  R  Ć  E  S  R  F  U
Y  M  Đ  C  P  L  K  O  N  O  B  A  R  H
F  Đ  F  K  J  I  E  I  Ć  T  O  R  T  A
Ž  S  K  J  Đ  C  J  M  Z  E  H  V  L  J
L  P  N  H  I  A  A  O  B  U  V  O  D  A
I  E  R  Z  P  D  Z  Z  A  Č  I  N  I  V
C  A  R  E  Z  A  N  C  I  O  L  A  F  E
A  U  T  J  D  R  U  Č  A  K  I  Đ  G  Đ
C  I  I  T  U  J  R  I  B  A  C  B  L  E
U  K  U  S  N  O  E  P  C  F  A  A  O  F
V  E  Č  E  R  A  D  L  I  S  W  U  U  D
M  O  Đ  V  S  K  M  S  O  L  R  E  Y  S
```

VEČERA	TORTA
LED	ŽLICA
RIBA	RUČAK
VOĆE	REZANCI
VILICA	SALATA
POVRĆE	SOL
PIĆE	STOLICA
ZAČINI	JUHA
KONOBAR	PREDJELO
UKUSNO	VODA

24 - Ökologie

```
V  D  G  Y  O  T  P  K  Z  F  C  M  K  U
C  I  W  L  Y  D  O  M  R  L  T  O  L  O
V  W  H  S  O  J  R  V  N  O  S  Č  I  V
R  E  S  U  R  S  I  Ž  F  R  U  V  M  O
V  S  Y  J  Y  P  G  F  I  A  Š  A  A  L
E  R  V  H  M  G  R  Z  P  V  A  R  R  O
G  O  S  Z  O  G  K  I  A  A  W  A  S  N
E  P  T  T  P  O  M  O  R  S  K  I  T  T
T  S  A  R  A  P  R  I  R  O  D  N  O  E
A  T  N  Y  E  F  O  F  H  S  D  F  G  R
C  A  I  G  L  O  B  A  L  N  O  A  V  I
I  N  Š  C  A  B  H  U  B  I  L  J  E  R
J  A  T  I  S  Đ  U  N  R  Y  U  P  C  U
A  K  E  N  L  P  L  A  N  I  N  E  F  N
```

VRSTA	POMORSKI
PLANINE	ODRŽIV
SUŠA	PRIRODA
FAUNA	PRIRODNO
FLORA	BILJE
VOLONTERI	RESURSI
GLOBALNO	MOČVARA
KLIMA	OPSTANAK
STANIŠTE	VEGETACIJA

25 - Schokolade

```
Ž  G  K  U  K  U  S  N  O  P  W  T  Z  V
U  O  O  S  L  A  T  K  O  R  A  W  S  Đ
D  R  K  A  L  O  R  I  J  E  P  R  A  H
N  A  O  O  S  K  O  A  R  B  T  M  S  W
J  K  S  D  K  H  P  M  M  Đ  Z  Z  T  S
A  R  Đ  P  T  U  W  E  I  E  T  P  O  C
Š  E  Ć  E  R  Y  S  N  W  L  L  U  J  I
A  C  K  I  K  I  R  I  K  I  J  A  A  S
R  E  K  V  A  L  I  T  E  T  A  E  K  O
O  P  Y  U  W  O  K  O  H  L  C  S  N  U
M  T  W  G  R  Z  A  N  A  T  S  K  I  I
A  J  E  S  T  I  K  F  F  O  B  G  D  N
P  T  J  B  C  E  A  R  K  N  L  S  N  D
R  C  G  E  G  Z  O  T  I  Č  N  O  W  J
```

AROMA	KARAMELA
GORAK	KOKOS
KIKIRIKI	UKUSNO
JESTI	PRAH
EGZOTIČNO	KVALITETA
OMILJENI	RECEPT
OKUS	SLATKO
ZANATSKI	ŽUDNJA
KAKAO	ŠEĆER
KALORIJE	SASTOJAK

26 - Boote

```
J  K  C  C  H  M  K  U  C  N  Đ  O  A  S
V  A  U  H  J  M  S  N  V  G  Đ  W  N  P
D  J  R  T  Y  R  I  Y  R  J  S  G  L  L
N  A  Đ  B  M  Đ  D  M  O  R  N  A  R  A
P  K  U  J  O  I  R  J  E  Z  E  R  O  V
L  O  P  B  T  L  O  P  Z  V  U  I  H  Đ
U  C  M  P  O  S  A  D  A  A  Y  J  D  O
T  E  M  O  R  E  A  R  D  L  I  E  K  Z
A  A  R  G  R  N  K  F  P  O  G  K  H  R
Č  N  U  G  D  S  R  A  Y  V  Đ  A  W  F
A  T  R  A  J  E  K  T  N  I  U  Ž  E  Đ
J  A  H  T  A  K  H  I  K  U  E  N  J  H
P  R  I  S  T  A  N  I  Š  T  E  N  Y  U
J  E  D  R  I  L  I  C  A  F  R  A  G  J
```

SIDRO	MORE
PLUTAČA	MOTOR
POSADA	POMORSKI
PRISTANIŠTE	OCEAN
TRAJEKT	JEZERO
SPLAV	MORNAR
RIJEKA	JEDRILICA
KAJAK	UŽE
KANU	VALOVI
JARBOL	JAHTA

27 - Stadt

```
D Z K I N O J M H T S S W L
W I R A G S Š U N R T V G J
H P E A Z B K Z B Ž A E A E
K O S O Č A O E R I D U L K
N C T A H N L J M Š I Č E A
J V O E K K A I N T O I R R
I J R T L A E L Š E N L I N
Ž E A Z I Đ F T U T S I J A
A Ć N W N U V U W K E Š A Z
R A H R I H D M G D A T I E
A R L Z K P E K A R A E O H
Z L E W A K N J I Ž N I C A
S U P E R M A R K E T C K V
Z O O L O Š K I V R T Y V V
```

LJEKARNA	KLINIKA
BANKA	TRŽIŠTE
PEKARA	MUZEJ
KNJIŽNICA	RESTORAN
CVJEĆAR	ŠKOLA
KNJIŽARA	STADION
ZRAČNA LUKA	SUPERMARKET
GALERIJA	KAZALIŠTE
HOTEL	SVEUČILIŠTE
KINO	ZOOLOŠKI VRT

28 - Aktivitäten

```
P  T  O  F  V  Č  R  K  F  G  P  L  E  S
J  C  P  O  R  P  I  F  C  V  D  V  C  C
E  O  U  T  T  Đ  B  T  Z  S  L  I  K  A
Š  N  Š  O  L  B  A  U  A  B  U  G  D  M
A  W  T  G  A  Š  R  K  D  N  M  R  K  A
Č  N  A  R  R  I  S  E  O  V  J  E  A  G
E  G  N  A  S  V  T  R  V  S  E  E  M  I
N  W  J  F  T  A  V  A  O  P  T  U  P  J
J  Đ  E  I  V  N  O  M  L  D  N  J  I  A
E  P  O  J  O  J  L  I  J  O  O  B  R  T
P  B  A  A  M  E  I  K  S  G  S  A  A  I
V  J  E  Š  T  I  N  A  T  B  T  T  N  E
P  L  E  T  E  N  J  E  V  L  O  V  J  C
Đ  H  A  K  T  I  V  N  O  S  T  Y  E  A
```

AKTIVNOST	UMJETNOST
RIBARSTVO	OBRT
KAMPIRANJE	ČITANJE
OPUŠTANJE	MAGIJA
VJEŠTINA	ŠIVANJE
FOTOGRAFIJA	IGRE
VRTLARSTVO	PLETENJE
SLIKA	PLES
LOV	ZADOVOLJSTVO
KERAMIKA	PJEŠAČENJE

29 - Bienen

```
C G H V O S A K T K R I L A
S V R T O T B R P O O L O R
T M I W D Ć E C P R J Đ G A
A W O J N T E N B I L J E Z
N G I Z E K O S U S T A V N
I T J B N T P B J N Đ W N O
Š Đ J B K H R N T O K O P L
T T V Z R S A P E L U D K I
E L D V A N Š R O M K I H K
R S V W L P I R W C A M P O
F Đ U K J Z V S W W C P H S
K O Š N I C A Z V W F T J T
R R K C C Č M E D A M K G
L R E O A E C V I J E Ć E L
```

OPRAŠIVAČ
KOŠNICA
CVIJEĆE
CVIJET
KRILA
VOĆE
VRT
MED
KUKAC
KRALJICA

STANIŠTE
EKOSUSTAV
BILJE
PELUD
DIM
ROJ
SUNCE
RAZNOLIKOST
KORISNO
VOSAK

30 - Wissenschaftliche Disziplinen

```
N  T  I  K  K  J  H  D  U  N  H  L  G  L
E  E  M  I  E  H  Z  S  D  U  Y  V  W  I
U  R  U  N  M  B  V  H  M  V  I  M  D  N
R  M  N  E  I  C  O  Y  M  Y  P  Đ  T  G
O  O  O  Z  J  K  L  T  R  G  U  H  E  V
L  D  L  I  A  M  E  H  A  N  I  K  A  I
O  I  O  O  J  J  Đ  O  N  N  K  U  Z  S
G  N  G  L  E  K  O  L  O  G  I  J  A  T
I  A  I  O  A  K  C  C  Đ  S  J  K  R  I
J  M  J  G  B  I  O  L  O  G  I  J  A  K
A  I  A  I  B  I  O  K  E  M  I  J  A  A
C  K  Đ  J  A  N  A  T  O  M  I  J  A  I
V  A  H  A  S  T  R  O  N  O  M  I  J  A
S  O  C  I  O  L  O  G  I  J  A  H  C  C
```

ANATOMIJA	KINEZIOLOGIJA
ASTRONOMIJA	LINGVISTIKA
BIOKEMIJA	MEHANIKA
BIOLOGIJA	NEUROLOGIJA
BOTANIKA	EKOLOGIJA
KEMIJA	SOCIOLOGIJA
IMUNOLOGIJA	TERMODINAMIKA

31 - Vögel

```
G O J P E L I K A N D K W F
M T A A I G A V R A N U T L
Z M J U N L I S V P Y K A A
P L E N J F E F R O D A I M
V R A B A C H T G F H V G I
P A T K A G J E I O G I U N
G O L U B K A D L N V C S G
P H S S O V A L K P A A K O
O W C L I Y P U E Đ R L A O
P I N G V I N A A B R A V R
M V V G G E R A P O E B R A
D L Č A P L J A J I F U A O
V J Z Y A V F S N G D N Z
C L F D Đ Đ A J C S C A A E
```

ORAO
JAJE
PATKA
SOVA
FLAMINGO
GUSKA
PILETINA
VRANA
KUKAVICA
GALEB

PAPIGA
PELIKAN
PAUN
PINGVIN
GAVRAN
ČAPLJA
LABUD
VRABAC
RODA
GOLUB

32 - Garten

```
C H B B N V J F V T C V M V
R M P L Đ N E B R F Đ Đ I T
I V I S E Ć A O T Đ T T O R
J V T O R F E O U I Y E L A
E G R M O G R A D A I R E V
V R I B N J A K L U P A D N
O H J M G Đ B F H U A S R J
C G E Z H M G O G T R A V A
V V M W R S A S K V E C O K
J J I C Đ T R A M P O L I N
B O G J M T A V O Ć N J A K
A F M O E Y Ž T K O R O V G
L L O P A T A T L S N L E G
G R A B L J E P N O G L V L
```

KLUPA	TRAVNJAK
DRVO	GRABLJE
CVIJET	LOPATA
TLO	CRIJEVO
GRM	RIBNJAK
GARAŽA	TERASA
VRT	TRAMPOLIN
TRAVA	KOROV
VISEĆA	TRIJEM
VOĆNJAK	OGRADA

33 - Antarktis

```
M  C  I  D  V  D  Đ  B  Đ  K  D  A  J  K
T  I  Z  V  J  P  O  L  U  O  T  O  K  O
E  T  N  L  E  G  H  J  H  N  L  K  P  N
M  O  A  E  T  K  E  M  F  Z  Đ  O  N  T
P  P  N  D  R  F  D  D  D  E  A  L  U  I
E  O  S  E  O  A  Z  U  M  R  W  I  R  N
R  G  T  N  V  C  L  E  D  V  V  Š  E  E
A  R  V  J  I  W  O  I  S  A  V  O  C  N
T  A  E  A  N  U  G  N  H  C  C  H  D  T
U  F  N  C  J  I  I  C  R  I  T  N  W  A
R  I  M  I  G  R  A  C  I  J  A  W  W  A
A  J  P  T  I  C  E  N  Đ  A  C  Đ  S  D
H  A  Z  A  L  J  E  V  R  I  J  E  M  E
S  T  J  E  N  O  V  I  T  A  F  R  G  S
```

ZALJEV
LED
KONZERVACIJA
STJENOVITA
LEDENJACI
POLUOTOK
KONTINENT
MIGRACIJA
MINERALI

TEMPERATURA
TOPOGRAFIJA
OKOLIŠ
PTICE
VODA
VRIJEME
VJETROVI
ZNANSTVEN

34 - Fahren

```
Z B Y V D V P L I C E N C A
K R P V I L L O G O R I V O
V Z H J Z R I O L H U F U S
I I G K O Đ N S H I O P C S
K N M O T O C I K L C R I S
O A Đ Č F R T G N Z E I L F
P U M N Y M Y U Y W D J J F
A T O I O Đ O R T U N E L A
S O T C O E G N J U R V O H
N B O E G N A O M W Z O P M
O U R U B Đ R S A S S Z R T
S S K G N E A T M V A H E Y
T V G S N I Ž K A R T A Z A
P R O M E T A N E S R E Ć A
```

KOČNICE
GORIVO
AUTOBUS
GARAŽA
PLIN
OPASNOST
BRZINA
KARTA
LICENCA
KAMION

MOTOR
MOTOCIKL
POLICIJA
SIGURNOST
PRIJEVOZ
TUNEL
NESREĆA
PROMET
OPREZ

35 - Bücher

```
P  W  T  S  O  H  R  P  R  I  Č  A  S  S
D  J  J  M  E  E  H  Z  Đ  B  A  S  M  T
F  R  E  P  Z  R  Č  T  L  B  V  B  P  R
Z  I  P  S  S  O  I  A  D  F  A  A  U  A
D  B  R  D  M  M  T  J  U  W  N  K  F  N
U  L  I  Z  W  A  A  P  A  U  T  O  R  I
H  I  P  R  D  N  Č  O  L  P  U  N  T  C
O  T  O  E  K  N  D  V  N  O  R  T  R  A
V  E  V  M  B  A  F  I  O  E  A  E  A  Y
I  R  J  N  W  P  Z  J  S  Z  V  K  G  Z
T  A  E  U  T  I  S  E  T  I  K  S  I  K
V  R  D  I  P  S  L  S  F  J  R  T  Č  O
Y  N  A  G  Z  A  S  N  F  A  V  U  N  N
H  I  Č  P  D  N  V  I  U  A  V  P  O  G
```

AVANTURA	ZBIRKA
AUTOR	KONTEKST
DUALNOST	ČITAČ
EP	LITERARNI
PRIPOVJEDAČ	POEZIJA
PJESMA	ROMAN
PRIČA	STRANICA
NAPISAN	SERIJA
POVIJESNI	TRAGIČNO
DUHOVIT	

36 - Menschlicher Körper

```
K  Č  J  T  P  Z  U  B  W  A  Y  Y  F  S
O  E  V  R  H  A  P  E  O  Y  I  D  C  R
Ž  L  A  K  A  T  O  B  V  B  Đ  Z  E  C
A  J  J  E  Z  I  K  P  V  R  W  O  T  E
R  U  M  O  Z  A  K  R  U  K  A  B  L  Z
G  S  H  K  C  H  E  S  T  U  P  O  F  A
B  T  I  O  Đ  K  A  T  A  T  Z  G  H  G
V  C  B  L  N  R  L  D  V  E  B  U  B  L
R  U  Đ  J  M  V  P  I  E  H  R  A  M  E
A  U  G  E  U  S  T  A  C  T  A  M  V  Ž
T  Z  E  N  V  N  O  G  A  E  D  W  C  A
Đ  V  M  O  O  O  P  Đ  I  P  A  U  F  N
Z  V  P  N  G  S  Y  S  N  L  M  P  D  J
K  M  I  P  G  L  A  V  A  W  U  B  C  M
```

NOGA	ČELJUST
KRV	BRADA
LAKAT	KOLJENO
PRST	GLEŽANJ
MOZAK	GLAVA
LICE	USTA
VRAT	NOS
RUKA	UHO
KOŽA	RAME
SRCE	JEZIK

37 - Klettern

```
U E J P T S F Z B S G J M G
Č I Z M E T I N V T Đ I V S
O B P B R R Z A O A G J I R
M P J P E U I T D B S P S U
A Z E K N Č Č I I I U S I K
T A Š B D N K Ž Č L L K N A
M H A D S J I E I N G B A V
O E Č I F A G L T O S G L I
S M E Y Y K F J T S U I P C
F S N K U A A A T T Z E W E
E N J G U C P R Š P I L J A
R A E U P I K B T K T H Z H
A G N C F G Z K R A I W H N
U A H W R A O Z L J E D A Z
```

ATMOSFERA
OBUKA
STRUČNJAK
VODIČI
TEREN
RUKAVICE
KACIGA
VISINA
ŠPILJA

KARTA
ZNATIŽELJA
FIZIČKI
SUZITI
STABILNOST
SNAGA
ČIZME
OZLJEDA
PJEŠAČENJE

38 - Landschaften

```
A  J  J  M  P  Z  R  J  S  Đ  M  T  T  Z
L  U  U  T  P  Đ  R  H  T  W  O  U  P  Š
E  H  G  G  L  L  G  V  Y  M  Č  N  O  P
O  T  O  K  A  Z  E  O  H  O  V  D  L  I
P  O  E  B  N  A  J  D  L  R  A  R  U  L
P  L  B  L  I  L  Z  O  E  E  R  A  O  J
U  E  A  V  N  J  I  P  V  N  A  K  T  A
S  D  Y  Ž  A  E  R  A  K  U  J  G  O  D
T  E  R  T  A  V  I  D  J  Z  L  A  K  O
I  N  I  N  N  B  R  D  O  G  O  K  K  L
N  A  J  E  Z  E  R  O  O  A  Z  A  A  I
J  E  E  Đ  R  Z  Đ  T  L  A  Y  B  G  N
A  C  K  Z  P  W  V  Y  U  S  B  V  R  A
F  H  A  K  O  S  F  D  N  O  L  A  M  E
```

PLANINA	MORE
LEDENA	OAZA
RIJEKA	JEZERO
GEJZIR	PLAŽA
LEDENJAK	MOČVARA
ZALJEV	DOLINA
POLUOTOK	TUNDRA
ŠPILJA	VULKAN
BRDO	VODOPAD
OTOK	PUSTINJA

39 - Abenteuer

```
K  O  S  B  P  P  U  T  O  V  A  N  J  A
R  P  C  C  H  R  A  B  R  O  S  T  D  M
S  A  I  N  A  V  I  G  A  C  I  J  A  P
A  S  N  K  Z  I  I  P  R  I  R  O  D  A
I  N  P  I  T  I  N  E  R  A  R  T  O  G
S  O  I  Z  L  E  T  T  A  E  N  O  V  O
N  R  U  P  R  I  L  I  K  A  M  A  I  J
T  E  Š  K  O  Ć  A  E  T  L  A  A  R  B
R  C  O  E  N  T  U  Z  I  J  A  Z  A  M
T  A  A  B  T  V  Z  A  V  E  F  O  Y  E
Z  U  D  K  I  R  O  A  N  P  Z  A  J  J
D  J  Y  O  J  Č  Y  K  O  O  H  B  C  H
T  Y  J  P  S  W  N  F  S  T  A  W  P  M
R  A  D  H  M  T  G  O  T  A  F  G  C  J
```

AKTIVNOST	NOVO
IZLET	PUTOVANJA
ENTUZIJAZAM	ITINERAR
PRILIKA	LJEPOTA
RADOST	TEŠKOĆA
OPASNO	HRABROST
PRIRODA	NEOBIČNO
NAVIGACIJA	PRIPREMA

40 - Flugzeuge

```
I  V  R  I  J  E  M  E  P  A  V  G  A  T
D  Z  O  S  F  N  W  A  O  T  I  R  V  U
I  R  G  P  I  L  O  T  V  M  S  W  A  R
Z  A  O  R  D  V  P  S  I  O  I  A  N  B
A  K  R  Y  A  A  U  C  J  S  N  S  T  U
J  P  I  J  N  D  T  E  E  F  A  I  U  L
N  C  V  B  E  K  N  P  S  E  H  L  R  E
M  P  O  H  D  F  I  J  T  R  W  A  A  N
M  O  T  O  R  C  K  R  A  A  O  Z  W  C
K  S  H  B  Đ  E  N  A  P  U  H  A  T  I
S  A  F  O  A  O  B  E  A  B  C  K  S  J
J  D  J  P  W  L  H  V  B  S  T  U  N  A
S  A  R  L  V  Z  O  N  Z  O  M  C  U  K
Y  A  V  O  D  I  K  N  E  Y  W  U  L  O
```

AVANTURA	VISINA
SILAZAK	IZGRADNJA
ATMOSFERA	ZRAK
NAPUHATI	MOTOR
BALON	PUTNIK
GORIVO	PILOT
POSADA	TURBULENCIJA
DIZAJN	VODIK
POVIJEST	VRIJEME
NEBO	

41 - Haartypen

```
R  E  L  C  L  G  R  D  S  J  R  N  K  W
Y  Y  G  V  R  A  K  U  V  M  Ć  G  S  Y
O  Y  A  G  S  N  S  K  L  M  E  K  A  N
P  L  A  V  U  Š  A  J  S  H  L  Đ  S  T
B  Y  L  E  H  D  E  B  E  O  A  S  I  A
N  I  T  Y  O  R  H  H  K  M  V  R  V  N
Z  P  L  E  T  E  N  A  R  G  S  E  A  A
D  K  O  V  R  Č  A  V  A  D  J  B  P  K
R  U  V  A  L  O  V  I  T  A  A  R  D  L
A  C  G  J  T  W  K  T  A  E  J  O  S  L
V  G  U  O  P  R  H  Z  K  Z  A  T  J  A
A  D  U  W  D  P  L  E  T  E  N  I  C  E
K  O  V  R  Č  E  V  N  E  V  W  M  M  O
G  J  B  I  J  E  L  I  Z  A  N  Đ  E  C
```

PLAVUŠA	DUGO
SMEĐ	KOVRČE
DEBEO	KOVRČAVA
TANAK	CRNA
PLETENA	SREBRO
ZDRAV	SUHO
SJAJAN	MEKAN
SIVA	BIJELI
ĆELAV	VALOVITA
KRATAK	PLETENICE

42 - Essen #1

```
N Y C E U L Y I D O M K P K
S O K I Z E U T Đ Đ R I G K
J U H A M R S C U A K K Đ C
S O L I Š E Ć E R N V I K G
V S K F M P T O W P A R C A
J A G O D A C E F F T I Y Š
B L K L M E A K R U Š K A P
O A V C I J K E J B Č I G I
S T Y L M M M L I J E K O N
I A T P F E U W U K Š A W A
L W I I P S D N Z A N V P T
J W P N Đ O W B M I J A Đ U
A L U K Z A N Đ F S A P O F
K Z I Y Z S Đ T R M K C H V
```

BOSILJAK	SOK
KRUŠKA	SALATA
JAGODA	SOL
KIKIRIKI	ŠPINAT
MESO	JUHA
KAVA	TUNA
MRKVA	CIMET
ČEŠNJAK	LIMUN
MLIJEKO	ŠEĆER
REPA	LUK

43 - Gebäude

```
Š  M  U  R  D  N  R  H  H  O  M  K  B  M
Y  K  A  B  I  N  A  W  O  P  U  A  O  S
O  I  O  K  S  T  S  K  S  T  Z  Z  L  G
W  N  R  L  T  K  B  U  T  L  E  A  N  A
D  O  Đ  G  A  C  Z  D  E  P  J  L  I  R
T  V  O  R  N  I  C  A  L  O  I  I  C  A
S  U  P  E  R  M  A  R  K  E  T  Š  A  Ž
K  S  T  A  D  I  O  N  R  M  C  T  D  A
U  Š  A  T  O  R  G  G  Z  T  R  E  L  M
Ć  Z  F  A  R  M  A  F  M  V  C  C  S  Y
A  C  T  S  V  E  U  Č  I  L  I  Š  T  E
T  O  R  A  N  J  B  S  N  D  T  L  A  E
D  J  L  A  B  O  R  A  T  O  R  I  J  N
O  Z  V  J  E  Z  D  A  R  N  I  C  A  A
```

FARMA	MUZEJ
TVORNICA	ZVJEZDARNICA
GARAŽA	STAJA
KUĆA	ŠKOLA
HOSTEL	STADION
HOTEL	SUPERMARKET
KABINA	KAZALIŠTE
KINO	TORANJ
BOLNICA	SVEUČILIŠTE
LABORATORIJ	ŠATOR

44 - Angeln

```
R I J E K A R Č F W N M S Ž
Đ T S E Z O N A B D Đ B T I
K D D B B Y O M A M A C R C
I N R E P B T A H U E J P A
G M J H E N K C Đ J Z Z L V
K L J K R O C E A N E J J O
T U O U A W R K C P E M E Č
V J K H J N L O W I C P N E
L E R A E D W Š M O J F J L
H Z L T V O D A Z P T H E J
T E Ž I N A O R K R L B U U
Đ R A S Y L G A C E T A L S
N O Š K R G E A H M I D Ž T
P R E T J E R I V A N J E A
```

OPREMA
ČAMAC
ŽICA
PERAJE
RIJEKA
STRPLJENJE
TEŽINA
KUKA
SEZONA
ČELJUST

ŠKRGE
KUHATI
KOŠARA
MAMAC
OCEAN
JEZERO
PLAŽA
PRETJERIVANJE
VAGA
VODA

45 - Regenwald

```
P  O  Š  T  O  V  A  N  J  E  Y  O  K  O
G  J  I  I  M  I  O  V  C  F  L  B  L  I
Y  P  Y  U  L  A  N  D  D  T  B  L  I  T
Y  H  A  U  T  O  H  T  O  N  O  A  M  M
K  U  K  C  I  O  M  O  Y  Z  I  C  A  G
U  T  O  Č  I  Š  T  E  V  A  E  I  M  Z
K  I  B  T  L  D  S  N  B  I  P  M  E  V
V  H  S  S  Z  Ž  K  R  T  Đ  N  W  C  R
Z  R  I  P  I  U  L  C  O  H  I  A  C  I
O  P  S  T  A  N  A  K  U  V  K  N  F  J
N  T  A  T  P  G  P  R  I  R  O  D  A  E
Đ  I  V  O  A  L  R  D  Y  W  R  B  I  D
L  C  C  I  E  A  L  N  W  C  O  D  S  A
Y  E  I  Z  A  J  E  D  N  I  C  A  L  N
```

VODOZEMCI	PRIRODA
VRSTA	POŠTOVANJE
DŽUNGLA	SISAVCI
AUTOHTONO	OPSTANAK
ZAJEDNICA	PTICE
KUKCI	VRIJEDAN
KLIMA	OBLACI
MAHOVINA	UTOČIŠTE

46 - Essen #2

```
P  M  L  I  A  Đ  G  I  O  N  C  L  R  Y
Š  U  H  N  A  R  T  L  Y  K  Z  U  A  Y
E  H  L  N  S  B  R  I  J  S  H  A  J  D
N  A  Š  C  A  A  E  I  F  I  N  J  Č  E
I  W  P  U  C  D  Š  C  Ž  R  V  V  I  B
C  J  A  J  E  E  N  D  E  A  Y  A  C  A
A  K  R  U  H  M  J  T  C  L  U  U  A  N
B  R  O  K  U  L  A  N  Z  K  E  Z  R  A
J  O  G  U  R  T  R  I  B  A  J  R  T  N
B  K  A  P  A  T  L  I  D  Ž  A  N  I  A
Š  U  N  K  A  O  B  Đ  B  A  B  Đ  Č  Z
Z  S  Č  O  K  O  L  A  D  A  U  N  O  L
H  F  Y  T  L  U  E  E  N  V  K  B  K  I
Y  F  F  J  E  Đ  K  Y  W  E  A  U  A  Z
```

JABUKA	TREŠNJA
ARTIČOKA	BADEM
PATLIDŽAN	GLJIVA
BANANA	RIŽA
BROKULA	ŠUNKA
KRUH	ČOKOLADA
JAJE	CELER
RIBA	ŠPAROGA
JOGURT	RAJČICA
SIR	PŠENICA

47 - Familie

```
M A J K A J S P V S R D N N
D A A Ć L N H R F U P J E E
J Đ J I Y Y G E L P F E Ć Ć
E D B Č L W L D U R M T A A
D O W V I U J A K U U I K K
R O Đ A K N O K V G Ž N D I
O Y S J H U S B H A N J I N
Y S O E F K G K R G K S J J
A G L V S Đ D S I A A T E A
B G G I O T Y V Đ F T V T K
N N Z R T Y R C O L E O E T
U A M S A A K A Đ E T W W V
B A K A C K A B W V K F M H
O Č I N S K I F H K A T L N
```

BRAT
SUPRUGA
MUŽ
UNUK
BAKA
DJED
DIJETE
DJETINJSTVO
MAJKA
MAJČINSKI

NEĆAK
NEĆAKINJA
UJAK
SESTRA
TETKA
KĆI
OTAC
OČINSKI
ROĐAK
PREDAK

48 - Pflanzen

```
L F P D G N O J I V O G D M
A L K O R I J E N L W R O A
T O H D M V R T A W C M I H
I R N H G T O C V I J E T O
C A F V T J C D Z K G O V V
A U P E J R V I Z F B L N I
A G I G R A H B K Đ S V Z N
J T R E U S N L R I G D D A
B L W T D K K K B Š U M A O
B O T A N I K A A Đ L I S T
G Z B C Z P E K M O I J A Đ
F E S I U Z J T B C Š C A H
K P G J C V N U U G Ć Y I N
A T R A V A Đ S S A E O M B
```

BAMBUS	BRŠLJAN
DRVO	FLORA
BOBICA	VRT
LIST	TRAVA
CVIJET	KAKTUS
LATICA	LIŠĆE
GRAH	MAHOVINA
BOTANIKA	VEGETACIJA
GRM	ŠUMA
GNOJIVO	KORIJEN

49 - Kunst

```
R  W  M  B  P  R  E  D  M  E  T  K  O  K
A  J  E  D  N  O  S  T  A  V  A  N  J  E
S  N  J  K  R  E  E  V  I  D  N  I  G  R
P  A  N  T  B  R  I  Z  R  A  Z  C  Z  A
O  D  L  S  H  A  Z  V  I  Z  N  S  D  M
L  R  F  A  F  D  V  P  F  J  H  E  I  I
O  E  C  S  R  K  O  Z  M  R  A  J  K  Č
Ž  A  S  T  V  O  R  I  T  I  W  T  R  K
E  L  L  A  A  N  N  A  Đ  G  C  L  U  I
N  I  I  V  P  E  I  I  S  K  R  E  N  K
J  Z  K  V  I  S  K  U  L  P  T  U  R  A
E  A  E  N  A  D  A  H  N  U  T  O  P  B
Z  M  U  F  F  F  O  S  O  B  N  I  I  K
K  O  M  P  L  E  K  S  I  M  B  O  L  O
```

IZRAZ	OSOBNI
ISKREN	POEZIJA
JEDNOSTAVAN	STVORITI
PREDMET	SKULPTURA
SLIKE	RASPOLOŽENJE
NADAHNUT	NADREALIZAM
KERAMIČKI	SIMBOL
KOMPLEKS	VIDNI
IZVORNIK	SASTAV

50 - Gewürze

```
Š  P  C  P  Z  F  K  A  R  D  A  M  O  M
A  A  Đ  C  K  P  A  C  J  Đ  K  N  C  T
F  P  Z  D  O  J  L  U  K  Y  I  C  I  Y
R  R  Đ  U  M  B  I  R  W  W  S  K  M  S
A  I  S  S  O  L  G  R  R  B  E  G  E  P
N  K  V  L  R  H  G  Y  Đ  P  L  O  T  Č
J  A  A  A  A  P  A  P  A  R  O  R  W  E
V  R  N  T  Č  T  F  O  K  O  L  A  B  Š
A  J  I  K  Y  L  K  M  Y  Z  K  K  A  N
D  Y  L  O  V  S  U  I  N  U  S  U  B  J
E  U  I  R  C  M  M  C  O  W  A  L  S  A
E  Z  J  K  O  R  I  J  A  N  D  E  R  K
D  A  A  P  R  P  N  S  W  E  W  E  O  J
U  P  I  G  Z  T  O  V  C  Đ  V  E  G  Z
```

ANIS
GORAK
CURRY
KOMORAČ
OKUS
ĐUMBIR
KARDAMOM
ČEŠNJAK
KORIJANDER
KUMIN

SLATKI
PAPRIKA
PAPAR
ŠAFRAN
SOL
KISELO
SLATKO
VANILIJA
CIMET
LUK

51 - Gemüse

```
Đ  Đ  P  E  T  B  C  U  F  K  P  R  R  C
G  R  A  Š  A  K  U  Z  N  D  C  I  A  J
L  T  Z  O  I  I  I  N  A  V  P  A  J  T
J  Č  V  P  A  T  L  I  D  Ž  A  N  Č  N
I  E  B  E  W  I  M  K  N  E  I  S  I  O
V  Š  K  R  U  M  P  I  R  T  V  Z  C  K
A  N  E  Š  O  L  U  K  L  J  U  A  A  R
C  J  U  I  T  K  U  S  J  M  R  K  V  A
E  A  K  N  L  A  U  A  T  A  Z  E  Š  S
L  K  A  R  F  I  O  L  M  S  Z  U  P  T
E  Đ  U  M  B  I  R  A  A  L  O  J  I  A
R  W  E  U  L  Đ  V  T  J  I  Z  R  N  V
V  R  F  C  V  Y  A  A  Z  N  L  D  A  A
M  A  R  T  I  Č  O  K  A  A  N  K  T  C
```

ARTIČOKA	BUNDEVA
PATLIDŽAN	MASLINA
KARFIOL	PERŠIN
BROKULA	GLJIVA
GRAŠAK	REPA
KRASTAVAC	SALATA
ĐUMBIR	CELER
MRKVA	ŠPINAT
KRUMPIR	RAJČICA
ČEŠNJAK	LUK

52 - Katzen

```
N E Z A V I S N A Z G F K L
J M R A Z I G R A N M O R M
Z N A T I Ž E L J A N L Z D
R G N L J A S T W G D U N I
Y E P Đ E A P M D N M D O V
U R P I Đ N A I I Š A P A L
P B R Z O Đ V Š S J F V V J
J H E F S C A K T B E E C I
P P Đ J O J T V I J Đ Š B G
Z J A D B G I I D H E S N Đ
V M K A N D Ž A L R Đ J W O
K O L O O O U G J L O V A C
R Đ K G S S Z Đ I L W N P U
V O B B T S A V V B I M I J
```

KRZNO
PREĐA
LOVAC
SMIJEŠNO
KANDŽA
MIŠ
ZNATIŽELJAN
OSOBNOST
ŠAPA

SPAVATI
BRZO
STIDLJIV
REP
NEZAVISNA
LUD
RAZIGRAN
MALEN
DIVLJI

53 - Tanzen

```
G  E  M  O  C  I  J  A  J  K  P  K  H  U
K  L  K  C  D  K  V  G  L  D  R  O  K  M
A  K  A  D  E  M  I  J  A  I  O  R  U  J
K  L  J  Z  A  V  D  A  U  Z  B  E  L  E
U  A  P  W  B  F  N  U  I  R  A  O  T  T
L  S  O  G  M  A  I  P  D  A  U  G  U  N
T  I  K  M  R  J  F  U  P  Ž  N  R  R  O
U  Č  R  I  T  A  M  U  E  A  I  A  N  S
R  N  E  L  S  E  D  O  J  J  E  F  I  T
A  I  T  O  K  K  W  O  K  A  S  I  C  H
Đ  U  T  S  R  H  O  U  S  N  P  J  Đ  R
P  A  R  T  N  E  R  K  U  T  N  A  D  T
D  T  R  A  D  I  C  I  O  N  A  L  A  N
T  I  J  E  L  O  V  D  R  Ž  A  N  J  E
```

AKADEMIJA	KULTURA
MILOST	KULTURNI
IZRAŽAJAN	UMJETNOST
POKRET	GLAZBA
KOREOGRAFIJA	PARTNER
EMOCIJA	PROBA
RADOSTAN	RITAM
DRŽANJE	SKOK
KLASIČNI	TRADICIONALAN
TIJELO	VIDNI

54 - Ernährung

```
J  D  J  E  Z  E  I  Z  N  A  Z  L  G  F
F  E  I  G  R  E  U  D  Z  Y  G  T  K  A
U  D  S  J  Y  R  H  R  A  N  L  J  I  V
M  O  Y  T  E  K  V  A  L  I  T  E  T  A
A  P  E  T  I  T  O  V  R  E  N  J  E  G
K  W  G  S  F  V  A  L  L  Z  T  I  Ž  F
P  R  N  F  N  R  O  J  N  K  D  P  I  J
P  R  O  B  A  V  A  E  V  W  H  R  N  Đ
U  R  A  V  N  O  T  E  Ž  E  N  O  A  L
K  A  L  O  R  I  J  E  Z  D  D  T  W  V
M  R  C  K  Z  G  O  R  A  K  I  E  K  C
N  U  T  U  T  O  K  S  I  N  O  I  D  Y
R  A  A  S  V  I  T  A  M  I  N  N  S  P
Ž  I  T  A  R  I  C  E  K  M  L  I  R  R
```

APETIT	TEŽINA
URAVNOTEŽEN	KALORIJE
GORAK	HRANLJIV
DIJETA	DIO
JESTIVO	PROTEINI
VRENJE	KVALITETA
OKUS	UMAK
ZDRAV	TOKSIN
ZDRAVLJE	PROBAVA
ŽITARICE	VITAMIN

55 - Technologie

```
F  Đ  B  L  O  G  S  D  I  S  G  R  P  I
V  I  R  U  S  C  O  A  S  T  B  A  R  P
I  U  P  K  Y  L  F  T  T  A  A  Č  E  O
P  O  R  U  K  A  T  O  R  T  J  U  G  Y
O  J  I  R  S  Z  V  T  A  I  T  N  L  Z
D  D  K  S  I  Y  E  E  Ž  S  O  A  E  A
A  Z  A  O  G  W  R  K  I  T  V  L  D  S
C  A  Z  R  U  Y  D  A  V  I  I  O  N  L
I  N  T  E  R  N  E  T  A  K  T  J  I  O
L  V  J  J  N  P  V  F  N  A  C  E  K  N
E  G  W  D  O  H  F  N  J  E  R  F  U  P
Đ  B  W  P  S  H  Y  Y  E  M  P  T  Z  G
R  A  Y  R  T  K  A  M  E  R  A  Đ  Z  L
V  I  R  T  U  A  L  A  N  S  F  U  E  C
```

PRIKAZ	ISTRAŽIVANJE
ZASLON	INTERNET
BLOG	KAMERA
PREGLEDNIK	PORUKA
BAJTOVI	SIGURNOST
RAČUNALO	SOFTVER
KURSOR	STATISTIKA
DATOTEKA	VIRTUALAN
PODACI	VIRUS

56 - Wasser

```
K N R G W L M O N S U N U V
N A A I A N C C T J A M R G
F Z N V J T G E J Z I R A G
T Z T A O E M A K R S A G S
J B H P L D K N L L P Z A C
S N I J E G N A V F A D N J
F P A R A D M J L H R Y R E
K O U J A Đ E K A V A Y O Z
I P U C E B T I Ž V V L F E
V L E D G T U Š N A A I G R
P A G G S N U A O L N N P O
Đ V A R O D F F S O J S J Đ
K A B H O L B O T V E H F E
P V B I Y I N H U I D V H F
```

NAVODNJAVANJE
PARA
TUŠ
LED
VLAŽNOST
RIJEKA
POPLAVA
MRAZ
GEJZIR

URAGAN
KANAL
MONSUN
OCEAN
KIŠA
SNIJEG
JEZERO
ISPARAVANJE
VALOVI

57 - Science Fiction

```
H P K D V N S C S F N S Đ K
P R L I W U V I V U T V D G
N O N A N R N H Z T E I E A
W B G D N O P B A U H J K L
K O D I V E J R M R N E S A
R T U S K I T E I I O T P K
A I V T N J O Š S L S L S
J C A O O G S L L T O C O I
N D T P I P K N J I G E Z J
O B R I F K I O E Č I N I A
S O A J L Đ A J N K J A J K
T W F A Z E E U A I A R A E
I L U Z I J A J A Z L I H U
T A J A N S T V E N I J N T
```

KNJIGE
DISTOPIJA
EKSPLOZIJA
KRAJNOST
VATRA
FUTURISTIČKI
GALAKSIJA
TAJANSTVENI
ILUZIJA

ZAMIŠLJEN
KINO
PLANETA
REALNO
ROBOTI
SCENARIJ
TEHNOLOGIJA
UTOPIJA
SVIJET

58 - Haustiere

```
T A Y I F A J G I Z V R M P
J E W W S D F C K E G O G P
O K O R N J A Č A C U V D M
H V H E A O Z Y N J Š E G A
M W R Š T E N E D Đ T T S Č
T F A A W T I Ž M E E A E
P O N Z T S L T E J R R A W
H A A U T N M A Č K A I Z A
Z Š P R E P I P A S V N J T
R A S I J V Š K O Z A A E T
P P E I G H R Č A K P R O Y
V E E G E A I K R A V A G T
T V J V S Y B E U B C I S P
E E Y Z U C A C Z D W T Y K
```

GUŠTER	KRAVA
HRANA	MIŠ
RIBA	PAPIGA
HRČAK	ŠAPE
ZEC	KORNJAČA
PAS	REP
MAČKA	VETERINAR
MAČE	VODA
OVRATNIK	ŠTENE
KANDŽE	KOZA

59 - Geburtstag

```
P  T  S  P  S  R  E  T  A  N  R  K  C  B
J  R  V  T  R  R  A  D  O  S  T  A  N  M
E  O  I  L  F  O  Đ  M  O  W  O  R  P  U
S  Đ  J  J  L  I  S  O  B  M  R  T  O  D
M  E  E  S  A  S  T  L  M  U  T  I  S  R
A  N  Ć  W  I  T  B  O  A  G  A  C  E  O
U  U  E  V  B  T  E  K  I  V  Z  E  B  S
M  L  A  D  I  J  P  L  Y  Y  A  F  A  T
K  A  L  E  N  D  A  R  J  D  B  E  N  U
G  O  D  I  N  A  L  D  N  I  A  U  T  Č
P  O  Z  I  V  N  I  C  E  H  V  R  Y  I
L  S  V  R  I  J  E  M  E  Z  A  W  F  T
G  A  I  P  V  S  M  O  J  H  W  Z  H  I
I  Đ  J  F  C  L  M  G  H  B  F  L  V  K
```

POZIVNICE	KARTICE
PROSLAVA	SVIJEĆE
RADOSTAN	TORTA
PRIJATELJI	UČITI
ROĐEN	PJESMA
DAR	ZABAVA
SRETAN	POSEBAN
GODINA	DAN
MLADI	MUDROST
KALENDAR	VRIJEME

60 - Literatur

```
Z W A B D K J E U W F F M P
A O N F I K C I J A G E T R
K D A S J O S T I L Z V O I
L F L G A P G K O P W J V P
J D I W L I T R I T A M U O
U T Z V O S K A A U T O R V
Č Đ A B G M E T A F O R A J
A A N E G D O T A R I N I E
K P T R A G E D I J A J L D
R J E O R M N C T Z C P A A
I E M M A N A L O G I J A Č
M S A A P J E S N I Č K I Đ
A M L N U S P O R E D B A K
S A C A T F D E K G O U G B
```

ANALOGIJA
ANALIZA
ANEGDOTA
AUTOR
OPIS
BIOGRAFIJA
DIJALOG
PRIPOVJEDAČ
FIKCIJA
PJESMA

METAFORA
PJESNIČKI
RIMA
RITAM
ROMAN
ZAKLJUČAK
STIL
TEMA
TRAGEDIJA
USPOREDBA

61 - Wandern

```
K D P L P Č I Z M E U K Ž V
F I A S S L N L L G M L I R
H V R K V N A J O W O I V I
K L K V A S U N C E R M O J
A J O Y O R V J I J N A T E
M I V Đ K D T V S N I O I M
P L I T I C A A R K A I N E
I I S A T T E Š K A K J J B
R P R I P R E M A Đ O Z E V
A O R I J E N T A C I J A Z
N U P R I R O D A P E W L T
J O P A S N O S T I P K S C
E K A M E N J E V O D I Č I
Y U N P P T C O J Đ N T R O
```

PLANINA	PARKOVI
KAMPIRANJE	TEŠKA
VODIČI	SUNCE
OPASNOSTI	KAMENJE
KARTA	ČIZME
KLIMA	ŽIVOTINJE
LITICA	PRIPREMA
UMORNI	VODA
PRIRODA	VRIJEME
ORIJENTACIJA	DIVLJI

62 - Länder #2

```
N I G E R I J A I B S B N V
C W D J N K E N I J A U A T
I N V A E E T U L H W K L V
I H W M A V P J J N E W B G
C R A A P Z P A K I S T A N
Z M S J A P A N L J J T N L
L Đ U K U G A N D A R R I A
M R D A A D R H W H I U J O
E J A L I B E R I J A S A S
K S N U K R A J I N A I C Đ
S I R I J A I Y F P E J T K
I F R A N C U S K A Z A R I
K Z I H E E T I O P I J A O
O V H U M R G R Č K A T P H
```

ALBANIJA
ETIOPIJA
FRANCUSKA
GRČKA
HAITI
IRSKA
JAMAJKA
JAPAN
KENIJA
LAOS

LIBERIJA
MEKSIKO
NEPAL
NIGERIJA
PAKISTAN
RUSIJA
SUDAN
SIRIJA
UGANDA
UKRAJINA

63 - Fahrzeuge

```
M  F  R  D  H  V  V  T  W  N  K  K  S  Z
N  M  M  L  B  I  C  I  K  L  A  A  P  R
R  A  K  E  T  A  T  K  K  T  M  R  L  A
Đ  V  P  G  U  M  E  N  U  K  I  A  A  K
A  U  K  O  M  B  I  K  A  S  O  V  V  O
U  L  Y  Đ  D  W  S  Đ  A  P  N  A  H  P
T  A  K  S  I  M  R  J  D  O  O  N  B  L
O  T  W  B  B  O  O  V  M  E  R  M  F  O
M  T  R  A  K  T  O  R  G  K  R  N  O  V
O  J  W  A  J  O  Y  Z  N  E  Y  S  Č  Ć
B  R  H  F  J  R  O  N  U  I  K  V  A  P
I  Đ  C  W  H  E  E  V  P  G  C  G  M  Z
L  S  G  L  Y  S  K  U  T  E  R  A  A  W
J  Z  C  W  B  A  U  T  O  B  U  S  C  C
```

AUTOMOBIL	MOTOR
ČAMAC	RAKETA
AUTOBUS	GUME
BICIKL	SKUTER
TRAJEKT	TAKSI
SPLAV	TRAKTOR
ZRAKOPLOV	PODMORNICA
HITNA POMOĆ	KOMBI
KAMION	KARAVAN

64 - Musikinstrumente

```
B  E  N  D  Ž  O  V  G  L  C  G  U  V  U
K  F  A  G  O  T  P  I  H  Y  O  Y  Y  D
T  L  S  I  Đ  L  H  T  O  S  N  B  I  A
R  A  A  R  I  U  O  A  G  L  G  W  P  R
O  U  K  R  L  R  B  R  D  A  I  A  U  A
M  T  S  H  I  D  O  A  I  U  P  N  M  L
B  A  O  Y  A  N  A  T  R  U  B  A  A  J
O  E  F  I  H  R  E  H  W  D  I  E  R  K
N  N  O  P  Z  U  M  T  G  Y  D  L  I  E
H  H  N  M  B  J  T  O  N  O  P  B  M  M
H  K  L  A  V  I  R  V  N  M  C  P  B  E
M  A  N  D  O  L  I  N  A  I  L  S  A  V
V  I  O  L  O  N  Č  E  L  O  K  F  M  E
H  A  R  F  A  B  U  B  A  N  J  A  E  D
```

BENDŽO	MANDOLINA
VIOLONČELO	MARIMBA
FAGOT	HARMONIKA
FLAUTA	OBOA
VIOLINA	TROMBON
GITARA	SAKSOFON
GONG	UDARALJKE
HARFA	BUBANJ
KLARINET	TRUBA
KLAVIR	

65 - Blumen

```
M  P  T  U  L  I  P  A  N  D  U  M  O  P
A  L  R  G  S  M  W  B  U  J  K  J  P  Y
S  U  A  R  U  Ž  A  U  C  E  P  A  V  R
L  M  T  D  N  E  P  K  F  T  Z  S  M  Đ
A  E  I  T  C  S  K  E  T  E  P  M  J  M
Č  R  N  Y  O  B  R  T  D  L  L  I  L  A
A  I  Č  A  K  H  O  Đ  U  I  A  N  J  G
K  J  I  K  R  F  K  Ž  Y  N  T  M  I  N
N  A  C  M  E  S  C  U  U  A  I  D  L  O
O  B  A  K  T  N  W  C  Z  R  C  F  J  L
G  A  R  D  E  N  I  J  A  N  A  W  A  I
H  I  B  I  S  K  U  S  F  A  N  S  N  J
O  R  H  I  D  E  J  A  N  J  U  D  Z  A
Y  K  E  R  M  W  J  L  A  V  A  N  D  A
```

LATICA   MAGNOLIJA
GARDENIJA   MAK
TRATINČICA   ORHIDEJA
HIBISKUS   BOŽUR
JASMIN   PLUMERIJA
DJETELINA   RUŽA
LAVANDA   SUNCOKRET
LILA   BUKET
LJILJAN   TULIPAN
MASLAČAK

66 - Natur

```
H M R P S V E T I Š T E V P
P Č E L E D I N A M I Č A N
Y L T A H R I J E K A E R G
L E D E N J A K D C L R K I
B I T A N K E S T E M O T Y
Ž K Š U M A J Đ R F Z Z I Z
S I W Ć L J E P O T A I K C
P I V V E R W B P L D J F M
O L F O Đ J Z C S T A A N S
K I A E T M I I K M A G L A
O J J N S I H S I W E E G N
J D O Đ I R N G V Z M A E P
A I L G C N O J D I V L J I
N V P Đ J O E R E G R Z Y Z
```

ARKTIK
PLANINE
PČELE
DINAMIČAN
EROZIJA
RIJEKA
MIRNO
LEDENJAK
SVETIŠTE

SPOKOJAN
LIŠĆE
BITAN
MAGLA
LJEPOTA
ŽIVOTINJE
TROPSKI
ŠUMA
DIVLJI

67 - Urlaub #2

```
K S O J P U T O V N I C A H
A T D A R P B A P L A Ž A O
M R R G I K U T K A R T A T
P A E A J Đ C T B S S Y F E
I N D B E N Đ I O V I Z A L
R A I G V O T O K V Š W W V
A C Š M O R E G V S A P N L
N M T Z Z O D M O R T N F A
J R E S T O R A N M O Đ J K
E S T R A N I J C M R P N E
P L A N I N E N Đ U E L L M
Z R A Č N A L U K A K I J Y
D Đ M K Đ Y J P R S F I R F
M M L Y K R G S M A A P I P
```

STRANAC
STRANI
PLANINE
KAMPIRANJE
ZRAČNA LUKA
HOTEL
OTOK
KARTA
MORE
PUTOVNICA

PUTOVANJE
RESTORAN
PLAŽA
TAKSI
PRIJEVOZ
ODMOR
VIZA
ŠATOR
ODREDIŠTE
VLAK

68 - Zirkus

```
Y  T  P  W  G  T  O  H  L  T  G  F  K  B
Đ  H  G  V  W  J  I  S  V  R  L  S  P  V
A  G  I  K  D  N  U  G  H  U  A  W  M  K
U  L  A  Z  N  I  C  A  A  A  Z  W  A  O
Ž  O  N  G  L  E  R  M  P  R  B  W  J  S
Č  I  Z  W  D  Z  P  L  A  V  A  N  M  T
A  A  V  O  Y  K  T  L  R  E  K  E  U  I
K  F  R  O  W  Đ  R  M  A  S  L  O  N  M
R  W  F  O  T  D  I  A  D  Š  A  T  O  R
O  Z  N  W  B  I  K  G  A  Y  U  T  U  W
B  Đ  W  N  Z  N  N  I  Y  H  N  F  C  Y
A  F  M  B  D  W  J  J  I  Đ  A  L  L  B
T  I  E  H  Đ  C  N  A  E  M  V  T  Y  Z
H  C  H  J  S  K  P  O  K  A  Z  A  T  I
```

MAJMUN	GLAZBA
AKROBAT	PARADA
KLAUN	ŽIVOTINJE
SLON	TIGAR
ULAZNICA	TRIK
ŽONGLER	ČAROBNJAK
KOSTIM	POKAZATI
LAV	ŠATOR
MAGIJA	

69 - Barbecues

```
S Đ U G P L H N U R J F V R
W O L L D T S O M W V O R U
L G L A Z B A Ž A L K V U Č
C Y G D C F L E K J N S Ć A
V E Č E R A A V P A I K E K
Y W V Đ O Z T I K A Đ Y P U
V V W N Š S E P P S P O A H
P I L E T I N A O J F A A A
W L J W I G S C B V C O R N
Đ I E F L R I L I O R I R J
B C T C J E L F T Ć Đ Ć A E
R E O N F G F Y E E W U E M
E P V N H M T I L A D S K E
D J E C A I V H J U K B D R
```

VEČERA	KUHANJE
OBITELJ	NOŽEVI
VOĆE	RUČAK
VILICE	GLAZBA
POVRĆE	PAPAR
ROŠTILJ	SALATE
VRUĆE	SOL
PILETINA	LJETO
GLAD	UMAK
DJECA	IGRE

70 - Küche

```
V  I  L  I  C  E  S  C  H  R  A  N  A  Ž
W  R  O  Š  T  I  L  J  P  E  J  I  V  L
T  B  Č  Š  A  L  I  C  E  C  Y  R  T  I
P  G  S  N  D  B  Z  Đ  S  E  G  D  C  C
U  O  P  R  E  G  A  Č  A  P  O  L  Y  E
C  F  U  E  J  Y  M  K  U  T  L  A  Č  A
H  L  Ž  K  Ć  W  R  Z  D  J  E  L  A  N
G  L  V  C  E  N  Z  C  N  J  B  V  J  O
N  Z  A  Č  I  N  I  A  V  M  I  H  N  Ž
O  B  K  D  H  Z  V  C  O  Y  R  K  I  E
D  T  C  V  N  S  A  P  A  T  Y  H  K  V
K  J  A  M  V  J  Č  D  D  H  T  E  D  I
U  K  W  J  I  L  A  V  R  U  B  R  U  S
I  H  H  Y  V  H  H  K  Z  M  O  N  U  I
```

HRANA	NOŽEVI
VILICE	PEĆNICA
ZAMRZIVAČ	RECEPT
ZAČINI	PREGAČA
ROŠTILJ	ZDJELA
KUTLAČA	SPUŽVA
VRČ	UBRUS
HLADNJAK	ŠALICE
ŽLICE	ČAJNIK

71 - Schach

```
Y U K I W I U Y G E P G W H
Đ N F J C G W Č R P S U T L
T C W D P R O T I V N I K D
F U U J Y A Z C V T O Č K E
C V R G P Č O D M W I W H S
Ž K T N B I J E L I Đ B B T
P R S J I G P A S I V N O R
R A T U K R A L J V J C Z A
V L V V F A M E S R Y S W T
A J U L O I E Y T I K K C E
K I O N L V T V Z J Y H I G
Z C R N A U A K I E I R M I
F A B Đ T A N T I M D S P J
P R A V I L A W I E F B P A
```

PRVAK
PROTIVNIK
PAMETAN
KRALJ
KRALJICA
UČITI
ŽRTVOVATI
PASIVNO
TOČKE

PRAVILA
CRNA
IGRA
IGRAČ
STRATEGIJA
TURNIR
BIJELI
VRIJEME

72 - Erhaltung

```
O Z C E S T A N I Š T E L M
R E I K E M I K A L I J E G
G L K O B Z A G A Đ E N J E
A E L L C Y P N C Z G J P W
N N U O L C N E J H S B R J
S E S Š R P V B W I N F P F
K F I K E K O S U S T A V O
I P R I R O D N O E D I O D
T B R Z L C A D J P K U L R
A R E C I K L I R A T I O Ž
P E S T I C I D Y F D T N I
O B R A Z O V A N J E Y T V
S K C I C V I K L I M A E S
K Z D R A V L J E V V P R W
```

OBRAZOVANJE ORGANSKI
KEMIKALIJE EKOSUSTAV
VOLONTER PESTICID
ZDRAVLJE RECIKLIRATI
ZELEN SMANJITI
KLIMA EKOLOŠKI
STANIŠTE ZAGAĐENJE
ODRŽIV VODA
PRIRODNO CIKLUS

73 - Geographie

```
O  S  O  D  M  M  E  R  I  D  I  J  A  N
C  J  W  H  O  H  E  M  I  S  F  E  R  A
E  E  N  G  R  Đ  Z  K  A  A  Y  S  P  P
A  V  O  U  E  J  E  D  R  Š  F  V  M  R
N  E  R  T  S  L  M  Z  V  I  S  I  N  A
U  R  V  S  O  H  L  T  H  R  J  J  P  C
L  C  P  E  Z  K  J  B  I  I  P  E  E  T
Đ  M  L  G  H  K  A  O  N  N  O  T  K  L
W  R  A  O  N  T  R  R  W  A  D  Z  V  A
K  O  N  T  I  N  E  N  T  E  R  A  A  T
I  E  I  D  W  V  G  D  Đ  A  U  P  T  L
U  U  N  O  G  I  I  R  B  C  Č  A  O  A
G  R  A  D  K  Đ  J  E  G  J  J  D  R  S
K  U  J  B  J  L  A  L  P  R  E  C  L  S
```

ATLAS	KONTINENT
EKVATOR	ZEMLJA
PLANINA	MORE
ŠIRINA	MERIDIJAN
RIJEKA	SJEVER
PODRUČJE	OCEAN
HEMISFERA	REGIJA
VISINA	GRAD
OTOK	SVIJET
KARTA	ZAPAD

74 - Zahlen

```
Z  Š  V  H  P  W  Đ  U  P  B  O  C  W  Š
G  D  E  S  E  D  A  M  D  E  S  E  T  E
L  V  Č  S  T  D  E  C  I  M  A  L  A  S
O  A  E  P  T  W  T  J  J  T  M  C  W  N
Č  D  T  S  E  D  A  M  N  A  E  S  T  A
E  E  I  T  C  T  Đ  V  B  Đ  Z  D  O  E
T  S  R  T  R  I  N  A  E  S  T  E  S  S
R  E  I  O  L  I  I  A  R  U  D  V  A  T
N  T  P  B  J  P  S  L  E  Z  I  E  M  L
A  D  V  A  N  A  E  S  T  S  U  T  N  Y
E  W  O  N  U  L  A  C  V  H  T  C  A  L
S  D  E  V  E  T  N  A  E  S  T  Đ  E  Y
T  N  N  I  Z  H  Y  S  K  V  B  U  S  R
R  V  N  K  H  B  U  Đ  F  W  S  V  T  Đ
```

OSAM	ŠEST
OSAMNAEST	ŠESNAEST
DECIMALA	SEDAM
TRI	SEDAMNAEST
TRINAEST	ČETIRI
PET	ČETRNAEST
PETNAEST	DESET
DEVET	DVADESET
DEVETNAEST	DVA
NULA	DVANAEST

75 - Kunst Liefert

```
Y  S  E  K  A  H  W  O  O  F  W  C  K  G
O  C  I  B  V  V  Z  C  Y  I  S  U  R  L
I  U  H  V  N  W  Y  B  U  P  S  R  E  I
J  G  K  M  B  O  J  I  C  E  A  J  A  N
R  L  A  K  R  I  L  N  Y  O  H  P  T  A
L  J  E  P  I  L  O  L  O  V  K  E  I  Z
B  E  H  M  S  T  O  L  I  C  A  U  V  R
O  N  C  K  A  M  E  R  A  Y  V  L  N  S
J  Đ  U  D  Č  I  Č  E  T  K  E  J  O  S
E  V  V  C  A  V  D  Z  W  N  G  E  S  T
F  M  S  S  T  O  L  E  V  T  I  N  T  A
V  B  C  R  K  D  V  F  J  Z  E  C  Z  L
M  B  Y  H  W  A  N  K  G  E  T  Z  T  A
I  O  L  K  G  B  N  G  O  Đ  E  B  G  K
```

AKRIL	ULJE
OLOVKE	PAPIR
BOJICE	BRISAČ
ČETKE	STALAK
BOJE	STOLICA
UGLJEN	STOL
IDEJE	TINTA
KAMERA	GLINA
KREATIVNOST	VODA
LJEPILO	

76 - Tage und Monate

```
S  G  R  B  Đ  S  U  B  O  T  A  Y  A  Č
T  I  U  V  C  S  T  U  D  E  N  I  S  E
U  V  J  R  F  G  O  Z  J  Y  D  U  U  T
W  B  A  E  F  P  R  O  S  I  N  A  C  V
M  T  N  D  Č  E  A  G  Đ  M  V  P  K  R
D  J  P  L  W  A  K  Z  S  D  L  S  P  T
K  N  E  I  Y  Z  N  S  R  I  J  E  D  A
A  E  T  S  V  C  W  J  P  C  L  T  V  K
L  D  A  T  E  G  J  N  A  Y  I  J  H  O
E  J  K  O  L  C  O  G  N  Z  P  E  W  L
N  E  H  P  J  C  Y  D  J  K  A  D  H  O
D  L  H  A  A  M  B  E  I  S  N  A  B  V
A  J  I  D  Č  R  I  U  Z  N  J  N  C  O
R  A  T  C  A  F  S  U  K  K  A  G  C  Z
```

KOLOVOZ   KALENDAR
PROSINAC   SRIJEDA
UTORAK   MJESEC
ČETVRTAK   STUDENI
VELJAČA   LISTOPAD
PETAK   SUBOTA
GODINA   RUJAN
SIJEČANJ   NEDJELJA
SRPANJ   TJEDAN
LIPANJ

77 - Piraten

```
K O M P A S O T O K G F A M
O O G K R K P T O V T N K Z
V Ž O H U Y A V A N T U R A
A I V R D P S R L P F J U S
N L L A U O N F T L R E M T
I J S W C S O F P A P I G A
C A L Y L A S N M Ž N C J V
E K T Y E D T S Z A T K Z A
F A D U G A D Z I M Č D O R
P P Đ N E J S H P D Y G W N
O E E E N Z L A T O R L O L
L T I F D Š P I L J A O M F
C A B L A G O G R C M Š T W
U N Z Y S G O N K Y U E B G
```

AVANTURA	KOMPAS
SIDRO	LEGENDA
POSADA	KOVANICE
ZASTAVA	OŽILJAK
OPASNOST	PAPIGA
ZLATO	RUM
ŠPILJA	BLAGO
OTOK	LOŠE
KAPETAN	MAČ
KARTA	PLAŽA

78 - Emotionen

```
C G B R Z M I R I E E S O Z
L J U B A Z N O S T K I L A
Z B E Z D D J K A U A M A H
M I L N O S O I A G B P K V
Y J J Z V A S S A O A Š A
N E U G O D N O T G C T A L
V S B C L R M I R A N I N A
U P A W J Ž Y J A G E J J N
I N V P A A D C H V Z A E A
G L V P N J D O S A D A R N
U Z B U Đ E N J E Ž N O S T
I Z N E N A Đ E N J E O D L
W T R V F P Đ O M G S P L U
Y R B C T C J I M N F L D J
```

STRAH	LJUBAV
UZBUĐEN	OLAKŠANJE
NEUGODNO	MIRAN
ZAHVALAN	SIMPATIJA
RADOST	TUGA
LJUBAZNOST	IZNENAĐENJE
MIR	BIJES
SADRŽAJ	NJEŽNOST
DOSADA	ZADOVOLJAN

79 - Zu Füllen

```
S  M  K  M  M  I  Y  K  U  T  I  J  A  H
A  K  A  D  A  B  R  O  D  N  Đ  M  I  L
N  O  R  P  B  P  L  Š  C  F  B  H  F  P
D  F  T  O  A  A  I  A  N  I  I  R  J  S
U  E  O  B  Z  K  D  R  D  K  J  R  C  V
K  R  N  A  M  E  M  A  E  I  H  E  E  B
A  P  J  Č  R  T  Y  U  O  O  C  F  V  O
N  E  B  V  A  Z  A  O  P  L  V  A  E  C
T  R  Y  A  P  S  S  K  Đ  A  P  M  U  A
A  U  A  V  U  O  K  Đ  K  J  O  Y  S  P
Y  Đ  Z  Y  U  J  S  J  D  N  P  U  P  W
V  E  J  E  R  A  D  Y  Ž  J  O  B  F  O
O  M  O  T  N  I  C  A  E  N  E  B  Z  O
R  F  Y  S  R  S  W  O  P  W  K  M  L  G
```

KUTIJA	PAKET
KANTA	CIJEV
BAČVA	BROD
BOCA	LADICA
KARTON	DŽEP
SANDUK	OMOTNICA
KOFER	VAZA
KOŠARA	KADA
MAPA	

80 - Surfen

```
P  L  I  V  A  T  I  O  P  E  H  P  P  Ž
H  N  Z  U  L  Z  V  Đ  D  S  B  R  G  E
O  D  W  K  R  A  G  Y  D  P  O  V  R  L
F  A  N  J  F  B  A  J  D  R  C  A  E  U
P  O  P  U  L  A  R  A  N  E  E  K  B  D
O  P  U  Đ  V  V  N  Z  Y  J  A  Đ  E  A
U  P  J  E  N  A  P  V  I  A  N  Y  N  C
K  R  A  J  N  O  S  T  J  N  C  V  I  G
E  R  R  Y  D  H  P  L  A  Ž  A  A  W  U
E  L  G  F  J  G  O  Đ  I  S  N  L  O  Ž
V  E  S  L  O  T  R  M  H  N  T  T  U  V
M  K  D  K  O  K  T  J  Y  A  D  I  O  E
V  T  Y  O  L  J  A  A  R  G  R  S  L  M
L  B  E  S  C  N  Š  W  Z  A  Đ  T  K  A
```

SPORTAŠ	GREBEN
POPULARAN	PJENA
PRVAK	PLIVATI
KRAJNOST	ZABAVA
BRZINA	SPREJ
ŽELUDAC	SNAGA
GUŽVE	STIL
OCEAN	PLAŽA
VESLO	VAL

81 - Möbel

```
K A U Č Y V K L U P A Đ S L
A S Y H A S I R K F K L T L
T J E Š I V K S E V U S O H
W O S F I J Y I E V Đ I L C
T E P I H E N I L Ć E S I W
Z F U F O T E L J A A T C Z
A U S S O I E W B R I W A P
V T U G V L G T R A C P D O
J O R O U J A S T U K G C L
E N R H Y K U Đ T U D U S I
S C J K M A D R A C S Y F C
E Đ L O G L E D A L O V N E
O R M A R B F E Z U T Z W S
P E B D P S T O L K I B G N
```

KLUPA
KREVET
TJEŠI
KAUČ
FUTON
VISEĆA
JASTUK
SVJETILJKA
MADRAC

POLICE
ORMAR
STOL
FOTELJA
OGLEDALO
STOLICA
TEPIH
ZAVJESE

82 - Kräuterkunde

```
K  T  Z  V  J  W  I  R  E  Z  B  E  A  K
V  U  I  C  V  I  J  E  T  E  M  S  R  O
A  K  L  M  C  I  K  W  H  L  J  Z  O  M
L  O  K  I  I  D  O  P  L  E  N  U  M  O
I  R  H  R  N  J  P  I  U  N  B  A  A  R
T  I  V  L  W  A  A  V  R  T  O  Č  T  A
E  S  M  P  E  A  R  N  N  L  S  E  S  Č
T  N  D  M  K  B  D  S  O  L  I  Š  K  L
A  O  Š  A  F  R  A  N  K  H  L  N  I  A
F  K  O  Ž  H  F  U  M  G  I  J  J  V  V
M  U  R  U  Ž  M  A  R  I  N  A  A  A  A
L  S  E  R  P  E  R  Š  I  N  K  K  P  N
D  E  Y  A  D  R  A  G  U  L  J  D  E  D
P  W  R  N  S  A  S  T  O  J  A  K  Y  A
```

AROMATSKI	KULINARSKI
BOSILJAK	LAVANDA
CVIJET	MAŽURAN
KOPAR	PERŠIN
DRAGULJ	KVALITETA
KOMORAČ	RUŽMARIN
VRT	ŠAFRAN
OKUS	TIMIJAN
ZELEN	KORISNO
ČEŠNJAK	SASTOJAK

83 - Tugenden #1

```
V N G S O G A O S M R I S U
P E U E T T K D K S D N Z L
A Z L F R G S L R M M T Đ H
C A S I I Z F U O I Y E D P
I V Y K K P K Č M J Č L T R
J I K A J O Y N A E Š I N A
E S S A U D O N Š A G S K
N N V A S Z L U L N R E U T
T A N N G D R U Š O M N V I
N B S T R A S A N A A T J Č
U M J E T N I Č K I N A E A
K O R I S T A N Y G T N R N
M U D A R F Y D O B A R E I
Z N A T I Ž E L J A N N N T
```

SKROMAN
ŠARMANTAN
EFIKASAN
ODLUČNO
PACIJENT
VELIKODUŠAN
DOBAR
KORISTAN
INTELIGENTAN
SMIJEŠNO

UMJETNIČKI
STRASAN
ZNATIŽELJAN
PRAKTIČAN
ČIST
NEZAVISNA
MUDAR
POUZDAN
UVJEREN

84 - Aktivitäten und Freizeit

```
K  A  M  P  I  R  A  N  J  E  H  H  O  W
V  U  R  P  U  M  J  E  T  N  O  S  T  V
M  E  G  R  L  T  K  O  Š  A  R  K  A  K
V  V  T  P  G  O  O  Đ  R  F  Y  W  Đ  B
G  I  R  P  W  E  D  V  N  U  R  N  T  B
P  H  T  T  I  R  I  B  A  R  S  T  V  O
N  N  F  A  L  L  G  B  O  T  Y  O  N  K
O  P  U  Š  T  A  N  J  E  J  I  I  S  S
G  O  L  F  Đ  Z  R  T  F  Đ  K  I  L  H
O  C  S  T  E  N  I  S  K  D  V  A  I  O
M  B  E  J  Z  B  O  L  T  O  A  N  K  B
E  R  O  N  J  E  N  J  E  V  H  O  A  I
T  S  U  R  F  A  N  J  E  H  O  Y  P  J
W  H  O  O  E  P  L  I  V  A  N  J  E  I
```

RIBARSTVO	GOLF
BEJZBOL	HOBIJI
KOŠARKA	UMJETNOST
BOKS	PUTOVATI
KAMPIRANJE	PLIVANJE
OPUŠTANJE	SURFANJE
NOGOMET	RONJENJE
VRTLARSTVO	TENIS
SLIKA	ODBOJKA

85 - Formen

```
O O O C T W R J K S S P S
T N A P R I Z M A G F T I K
J T R Y O V A L A N E R R H
K O C K A L L U D L R A A L
V R D Z K A I K U T A N M J
A U I K O K W G E I H A I L
D B Đ V N M S R O L D G D I
R O V Z U F Z C U N I T A E
A V J V S L I R P O L P D L
T I F O R V J T R A A N S P
Y T R O K U T A P R F Z V A
H I P E R B O L A F U P F P
P R A V O K U T N I K R U G
C I L I N D A R Đ C C C G E
```

LUK	CRTA
TROKUT	OVALAN
KUT	POLIGON
ELIPSA	PRIZMA
HIPERBOLA	PIRAMIDA
RUBOVI	KVADRAT
KONUS	PRAVOKUTNIK
KRUG	STRANA
SFERA	KOCKA
KRIVULJA	CILINDAR

86 - Adjektive #2

```
O P I S N I O C D U S Z A P
N O R M A L A N N J V D U Đ
W Z F V W O K T D N J R T M
V N O V O G P K I J E A E P
Z A N I M L J I V E Ž V N O
W T P I J A C I L S E S T N
A I O R O D T D J T S J I O
J A K Y I A A L I I Z M Č S
E L E G A N T A N V L B N A
O D G O V O R A N O W V O N
M S D D R A M A T I Č A N S
K R E A T I V N I V Y P H L
S P R I R O D N O Đ R Đ Z A
P R O D U K T I V N I V Đ N
```

AUTENTIČNO   KREATIVNI
POZNATI   PRIRODNO
OPISNI   NOVO
DRAMATIČAN   NORMALAN
ELEGANTAN   PRODUKTIVNI
JESTIVO   SLAN
SVJEŽE   JAK
ZDRAV   PONOSAN
GLADAN   ODGOVORAN
ZANIMLJIV   DIVLJI

87 - Kleidung

```
N R D J G Đ D W R R H W O C
E A U L C H H H C N A K I T
D E R K A P U T I H L A Č E
D Đ V U A D S A P H J O M T
Ž Đ Z B K V L Š E Š I R O R
E L H S T V I S L A N P D A
M B L U Z A I C A L A I A P
P K S K A P E C E Z O D N E
E O O N C R L G A F S Ž O R
R Š J J H E Y I K G L A B I
I U A A O G R L I C A M A C
I L K G S A T R A F Đ A M E
F J N K P Č O L H M K R S G
M A A K F A M B Y K Z P E W
```

NARUKVICA	HALJINA
BLUZA	KAPUT
POJAS	MODA
OGRLICA	DŽEMPER
RUKAVICE	SUKNJA
KOŠULJA	ŠAL
HLAČE	PIDŽAMA
ŠEŠIR	NAKIT
JAKNA	CIPELA
TRAPERICE	PREGAČA

88 - Sommer

```
P M F V O V W H O Y C Z W P
O L S Y E A H R G L A Z B A
D Z I P R I J A T E L J I B
M I U V F A S N Z L N C S T
O Y O S A N D A L E S Đ T W
R R W H E T H O B I T E L J
K N J I G E I N S B P Z T Z
Y E Y Z U O P U Š T A N J E
Z V I J E Z D E P M K M D R
J F W T K A M P I R A N J E
R O N J E N J E Y G C C J G
E S J E Ć A N J A V R T N K
K M O R E T P L A Ž A E Y O
P U T O V A T I F W O S B D
```

KNJIGE	GLAZBA
KAMPIRANJE	PUTOVATI
OPUŠTANJE	SANDALE
SJEĆANJA	PLIVATI
HRANA	IGRE
OBITELJ	ZVIJEZDE
RADOST	PLAŽA
PRIJATELJI	RONJENJE
VRT	ODMOR
MORE	

89 - Farben

```
E  K  P  G  P  B  Z  Y  M  D  H  C  N  N
N  S  T  O  L  S  M  E  Đ  K  Đ  I  A  I
Z  J  R  F  A  J  M  H  L  R  N  J  R  M
B  M  U  H  V  D  U  W  Z  E  A  A  A  M
Y  K  Ž  N  A  D  O  B  E  Ž  N  N  N  A
L  Z  I  N  D  I  G  O  I  I  F  F  Č  G
I  A  Č  T  A  I  I  I  B  Č  Y  U  A  E
E  J  A  S  S  R  F  G  I  S  A  K  S  N
Y  D  S  I  V  A  E  A  Đ  E  E  S  N  T
Ž  U  T  A  B  O  J  A  S  P  A  I  T  A
K  R  A  C  R  V  E  N  A  I  D  J  L  A
Y  S  A  V  R  U  M  N  V  J  R  A  V  S
F  R  S  F  F  N  D  B  A  A  T  O  U  E
V  I  I  L  H  H  A  T  B  I  J  E  L  I
```

BEŽ   MAGENTA
PLAVA   NARANČA
SMEĐ   RUŽIČASTA
FUKSIJA   CRVENA
ŽUTA BOJA   CRNA
SIVA   SEPIJA
ZELEN   BIJELI
INDIGO   CIJAN
LJUBIČASTA

90 - Haus

```
H  P  S  O  Z  D  V  Z  M  Đ  E  Z  S  S
N  O  I  E  F  I  D  R  G  C  Z  B  V  P
E  T  C  B  Y  M  W  G  T  S  P  E  J  A
P  K  U  H  I  N  J  A  S  O  B  A  E  V
M  R  C  A  H  J  K  D  T  V  R  A  T  A
I  O  O  F  M  A  A  W  R  V  L  E  I  Ć
U  V  E  Z  D  K  M  E  O  M  E  T  L  A
K  L  K  I  O  Y  I  P  P  E  C  M  J  S
R  J  M  D  G  R  N  O  U  T  N  O  K  O
O  E  C  O  G  L  E  D  A  L  O  G  A  B
V  P  N  A  M  J  E  Š  T  A  J  R  D  A
T  U  Š  G  A  R  A  Ž  A  R  M  A  C  B
K  N  J  I  Ž  N  I  C  A  G  F  D  P  J
M  Y  S  D  D  I  A  F  P  Đ  E  A  C  D
```

METLA	KUHINJA
KNJIŽNICA	SVJETILJKA
KROV	NAMJEŠTAJ
POTKROVLJE	SPAVAĆA SOBA
STROP	DIMNJAK
TUŠ	OGLEDALO
PROZOR	VRATA
GARAŽA	ZID
VRT	OGRADA
KAMIN	SOBA

91 - Bauernhof #1

```
V Z E M L J I Š T E P Đ C T
O R P K A U Z K P P O L J E
G I A N S R U R I Č L Y D L
R Ž M N I R R A L E J P L E
A A S M A N P V E L O U R S
D U W A D Y B A T A P R F I
A G M A Č K A F I R R K U Z
N G Z Y F K R U N V I L Y Đ
S C Y A J K O Z A O V P A S
I V D J G D F N Y D R H N D
J J I N M E D L J A E W N E
E F A N S U B I G D D U Z C
N Y P K J M A G A R A C Z T
O L P N E A G N O J I V O V
```

PČELA	VRANA
GNOJIVO	KRAVA
MAGARAC	ZEMLJIŠTE
POLJE	POLJOPRIVREDA
SIJENO	KONJ
MED	RIŽA
PILETINA	SVINJA
PAS	VODA
TELE	OGRADA
MAČKA	KOZA

92 - Berufe #1

```
Z O G A S T R O N O M U G M
L D V M F D K P G T P M L V
A V V B A N K A R O V J A P
T J P A L Y A E O P N E Z I
A E P S I H O L O G O T B J
R T V A J L O V A C U N E A
Đ N E D E B S C B W A I N N
T I T O Č U R E D N I K I I
R K E R N U C V E C W C K S
E C R T I G E O L O G K M T
N I I O K K A R T O G R A F
E N N J J M E H A N I Č A R
R H A O R A Č U N O V O Đ A
E C R I V M Č U W G Đ M B O
```

LIJEČNIK   UMJETNIK
ASTRONOM   MEHANIČAR
BANKAR   GLAZBENIK
AMBASADOR   PIJANIST
RAČUNOVOĐA   PSIHOLOG
UREDNIK   ODVJETNIK
GEOLOG   KROJAČ
LOVAC   VETERINAR
ZLATAR   TRENER
KARTOGRAF

93 - Adjektive #1

```
M  L  I  J  E  P  W  B  H  A  B  S  A  I
B  O  O  Y  P  A  H  K  W  R  V  C  P  S
C  N  D  T  H  W  S  L  U  O  A  A  S  K
E  V  U  E  G  B  K  O  V  M  Ž  K  O  R
H  R  B  E  R  S  R  E  T  A  N  T  L  E
J  I  O  L  T  A  N  A  K  T  O  I  U  N
T  J  K  K  M  V  N  B  Y  S  D  V  T  H
N  E  O  I  R  R  M  N  F  K  M  A  A  Đ
E  D  Š  J  A  Š  G  O  G  I  C  N  N  Y
V  A  S  K  K  E  U  S  P  O  R  I  T  I
I  N  J  C  A  N  O  G  R  O  M  A  N  A
N  I  D  E  N  T  I  Č  A  N  E  M  V  A
U  M  J  E  T  N  I  Č  K  I  N  A  O  O
A  T  R  A  K  T  I  V  A  N  T  I  Đ  B
```

APSOLUTAN	USPORITI
AKTIVAN	MODERAN
AROMATSKI	SAVRŠEN
ATRAKTIVAN	OGROMAN
MRAK	LIJEP
TANAK	TEŠKA
ISKREN	DUBOKO
SRETAN	NEVIN
IDENTIČAN	VRIJEDAN
UMJETNIČKI	VAŽNO

94 - Mathematik

```
P F I D E C I M A L A P O Y
P R F R A K C I J A A A G U
V R O F B U S P B W R R Đ W
O O A M V L U P U H I A F N
L K P V J I M G O I T L J G
U V Z S O E A C P N M E N E
M A N I P K R W S E E L L O
E D O M O K U Z E R T N D M
N R K E L U A T G A I O T E
J A O T I T D T N D K Y R T
M T M R G O K O Đ I A N O R
M I I I O V W V T J K D K I
F Y C J N I L D M U Y G U J
H I A A A C S B J S A M T A
```

ARITMETIKA   KVADRAT
FRAKCIJA   RADIJUS
DECIMALA   PRAVOKUTNIK
TROKUT   OKOMICA
PROMJER   SUMA
EKSPONENT   SIMETRIJA
GEOMETRIJA   OPSEG
PARALELNO   VOLUMEN
POLIGON   KUTOVI

95 - Messungen

```
V L C E N T I M E T A R I S
H I I U V O L U M E N J U O
K Z S T L U V N A R U Z P S
Z I P I R T R C S Z U B F C
D U Ž I N A V A A S P B E H
N Đ Đ A S A F K D U B I N A
I E M P T T K I L O G R A M
Đ H C V U O O L K H P F C I
B A J T P N R O V I Đ Z Š N
L K O E A A U M W N T Z I U
P K S Ž N M V E G Č C C R T
M L G I J M E T A R D K I A
Z B Đ N Đ M R A H M A Đ N F
D K G A M V M R W J P M A L
```

ŠIRINA	MASA
BAJT	METAR
TEŽINA	MINUTA
STUPANJ	DUBINA
GRAM	TONA
VISINA	UNCA
KILOGRAM	VOLUMEN
KILOMETAR	CENTIMETAR
DUŽINA	INČ
LITRA	

96 - Schlösser

```
N  R  V  D  W  Š  A  R  P  J  O  P  G  J
C  E  T  I  K  T  B  P  R  E  K  L  N  M
H  N  G  P  R  I  N  C  I  D  R  E  C  C
Y  T  A  D  P  T  F  R  N  N  A  M  A  Č
T  V  R  Đ  A  V  A  N  C  O  L  E  R  C
W  N  W  Z  N  Z  D  L  E  R  J  N  S  P
W  H  K  M  P  W  D  U  Z  O  E  I  T  A
D  I  N  A  S  T  I  J  A  G  V  T  V  L
K  O  N  J  T  O  R  A  N  J  S  I  O  A
K  R  U  N  A  A  O  Z  N  K  T  G  I  Č
W  I  L  L  P  Z  P  K  I  L  V  B  V  A
B  Đ  P  A  B  N  O  U  L  D  O  Y  L  C
F  E  U  D  A  L  N  I  L  O  N  H  H  Z
V  I  T  E  Z  G  R  A  H  T  P  F  N  N
```

ZMAJ	KONJ
DINASTIJA	PRINC
PLEMENITI	PRINCEZA
JEDNOROG	CARSTVO
TVRĐAVA	VITEZ
FEUDALNI	OKLOP
KATAPULT	ŠTIT
KRALJEVSTVO	MAČ
KRUNA	TORANJ
PALAČA	ZID

97 - Bauernhof #2

```
W  C  M  L  I  J  E  K  O  V  C  E  N  K
U  P  G  I  V  O  Ć  E  H  O  T  K  A  U
Y  E  P  V  A  V  R  D  I  Ć  R  N  V  K
Ž  D  L  A  M  E  R  H  P  N  A  E  O  U
V  I  L  D  J  E  Č  A  M  J  K  L  D  R
O  Đ  V  A  J  C  P  D  U  A  T  M  N  U
D  O  H  O  I  A  T  O  B  K  O  O  J  Z
N  K  I  A  T  Z  N  Y  V  C  R  V  A  K
P  Đ  C  U  C  I  U  J  O  R  G  Z  V  O
A  Z  R  E  L  O  N  H  E  S  Ć  Đ  A  Š
T  P  A  S  T  I  R  J  U  T  S  E  N  N
K  V  T  Z  W  P  V  V  E  A  I  Z  J  I
A  U  P  S  B  G  Y  R  P  J  F  N  E  C
P  Š  E  N  I  C  A  P  Z  A  N  Z  A  A
```

NAVODNJAVANJE	VOĆNJAK
KOŠNICA	ZRELO
PATKA	OVCE
VOĆE	PASTIR
POVRĆE	STAJA
JEČAM	ŽIVOTINJE
LAME	TRAKTOR
JANJETINA	PŠENICA
KUKURUZ	LIVADA
MLIJEKO	

98 - Berufe #2

```
T L P I D S J S A K L G R O
C O V Đ Y P E G L I C K P R
V C I U Z I Z U M I T E L J
K R S M Y L I C L V K J A Z
N I T F D O K I H A M A G I
J N R L E T O L K I R U R G
I Ž A F A K S U Đ F H N Z J
Ž E Ž O U R L S B I O L O G
N N I T Č Z O T T L I S C Z
I J V O I O V R N O B Z V E
Č E A G T O A A P Z U B A R
A R Č R E L C T Đ O Y K N A
R J W A L O O O T F B B T W
O B F F J G B R S B A L A C
```

KNJIŽNIČAR   INŽENJER
BIOLOG   UČITELJ
KIRURG   JEZIKOSLOVAC
IZUMITELJ   SLIKAR
ISTRAŽIVAČ   FILOZOF
FOTOGRAF   PILOT
VRTLAR   ZUBAR
ILUSTRATOR   ZOOLOG

99 - Erforschung

```
A O D O F O H Ž I N D J N U
K D I T S P U I S D O G E Z
T L V K K A S V C M Y V P B
I U L R U S Z O R H P M O U
V Č J I L N S T P R A B Z Đ
N N I Ć T O F I L A D G N E
O O U E U S Y N J B S E A N
S S Č T R T U J E R V A T J
T T I J E I S E N O L M N E
A F T E S R P R O S T O R M
Y E I Z G A E Y S T V Đ J Z
S L K I P E C N T B Y N B W
M I Z K P U T O V A T I S N
A J V F J D W A Y A O U M S
```

AKTIVNOST

UZBUĐENJE

OTKRIĆE

ODLUČNOST

ISCRPLJENOST

OPASNOSTI

OPASAN

TEREN

KULTURE

UČITI

HRABROST

NOVO

PROSTOR

PUTOVATI

JEZIK

ŽIVOTINJE

NEPOZNAT

DIVLJI

100 - Wetter

```
D  L  P  O  V  J  E  T  A  R  A  C  P  T
U  E  V  R  J  T  O  R  N  A  D  O  O  E
G  D  F  Z  R  Đ  F  O  S  H  U  F  L  M
A  V  J  E  T  A  R  P  U  G  H  K  A  P
F  N  I  Z  J  V  O  S  H  I  S  N  R  E
T  D  G  E  S  S  Đ  K  O  Đ  H  O  N  R
A  D  U  P  J  P  A  I  U  U  J  B  I  A
G  R  M  L  J  A  V  I  N  A  S  L  M  T
Đ  L  U  O  U  W  L  J  E  M  U  A  Z  U
E  Z  N  R  N  R  N  L  B  A  Š  K  A  R
T  O  J  L  K  S  A  H  O  G  A  R  R  A
B  Đ  A  U  H  H  U  G  K  L  I  M  A  R
O  L  U  J  A  W  C  N  A  A  F  M  R  P
A  T  M  O  S  F  E  R  A  N  J  D  Y  S
```

ATMOSFERA	MAGLA
MUNJA	POLARNI
POVJETARAC	DUGA
GRMLJAVINA	OLUJA
SUŠA	TEMPERATURA
LED	TORNADO
NEBO	SUHO
URAGAN	TROPSKI
KLIMA	VJETAR
MONSUN	OBLAK

1 - Ozean

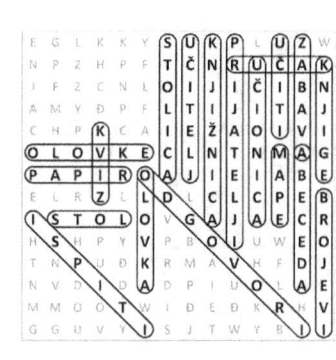

2 - Schule #1

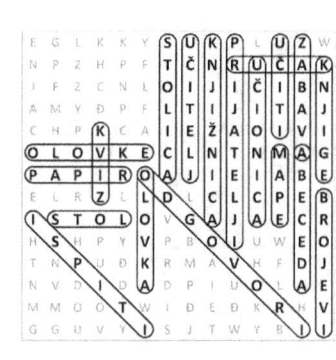

3 - Meditation

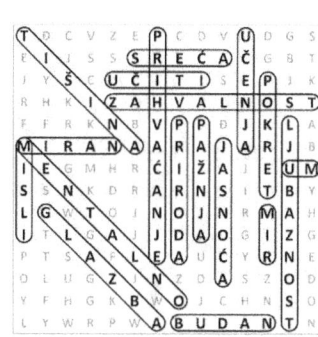

4 - Meisterschaft

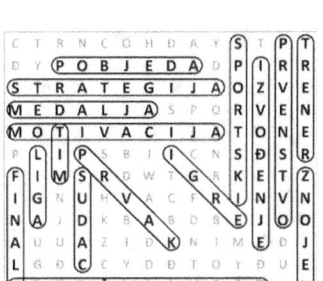

5 - Insekten

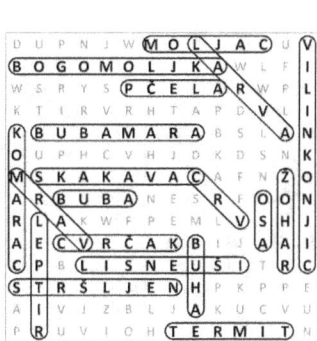

6 - Dinosaurier

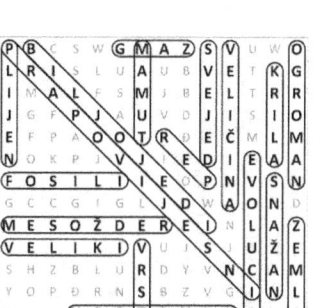

7 - Obst

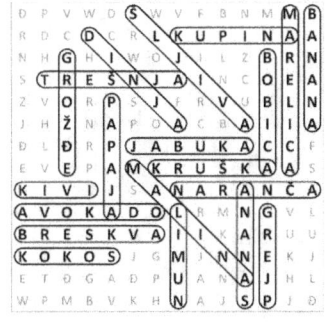

8 - Schule #2

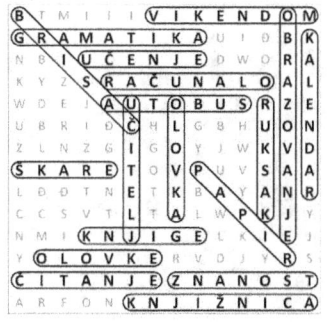

9 - Spielzeuge

10 - Komödie

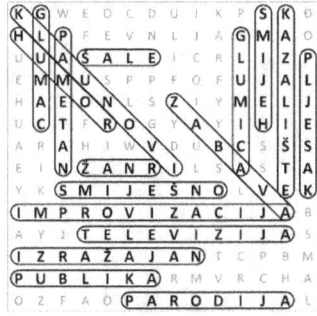

11 - Camping

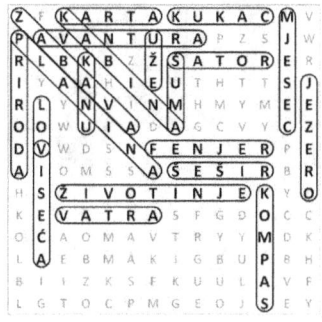

12 - Zeit

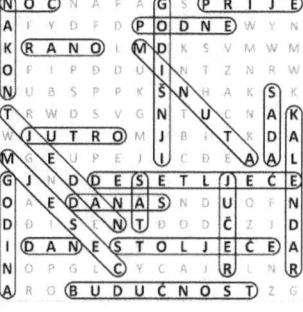

13 - Säugetiere

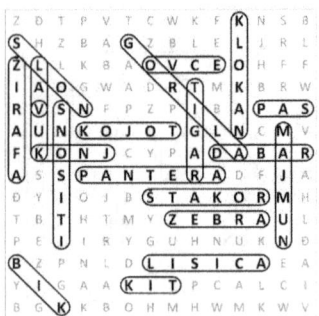

14 - Astronomie

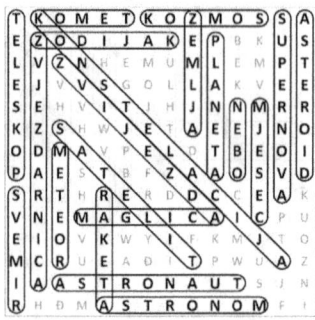

15 - Ballett

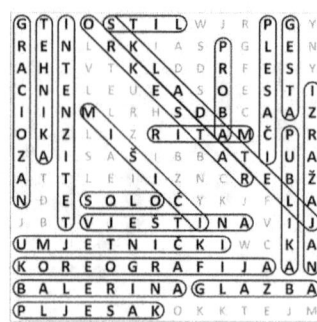

16 - Strand

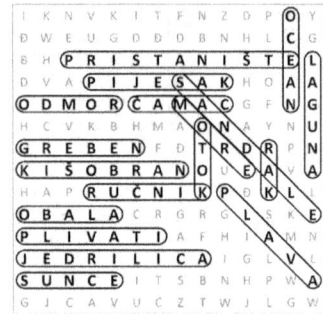

17 - Restaurant #1

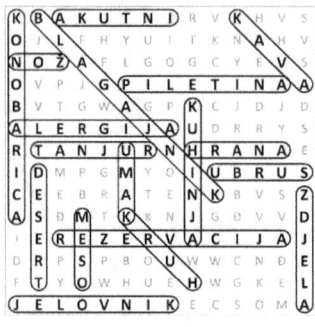

18 - Geologie

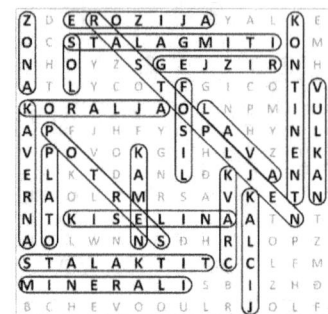

19 - Wissenschaft

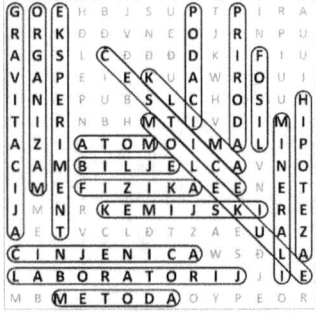

20 - Bildende Kunst

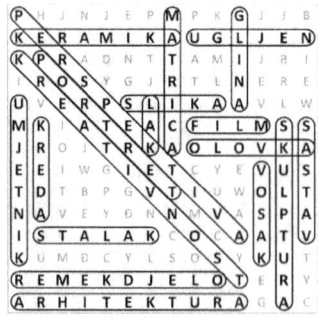

21 - Sport

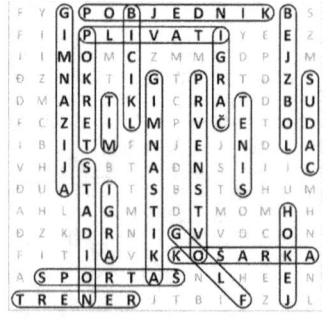

22 - Mythologie

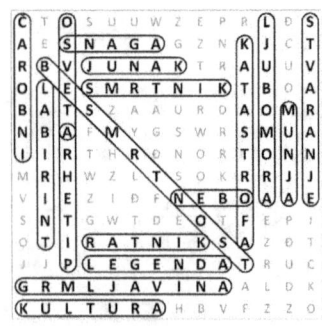

23 - Restaurant #2

24 - Ökologie

25 - Schokolade

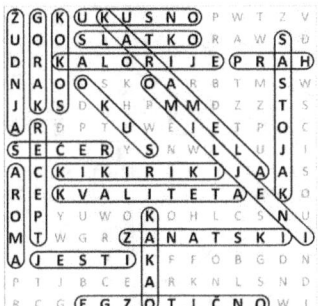

26 - Boote

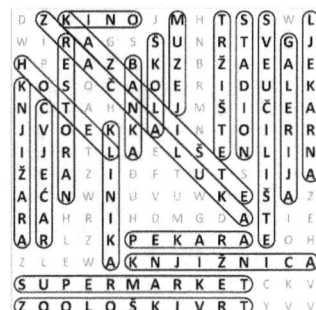

27 - Stadt

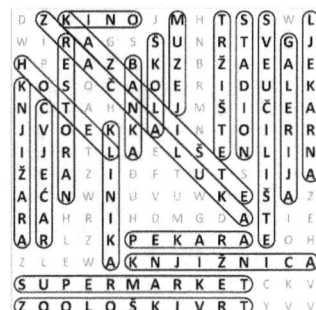

28 - Aktivitäten

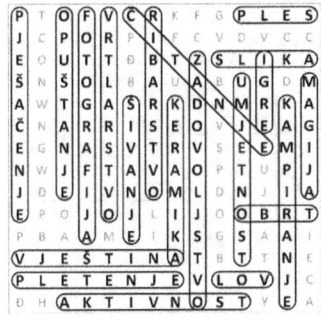

29 - Bienen

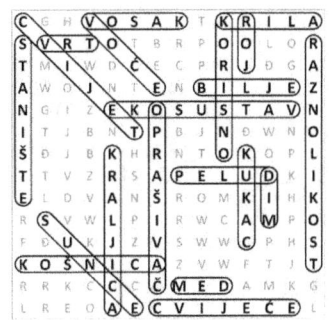

30 - Wissenschaftliche

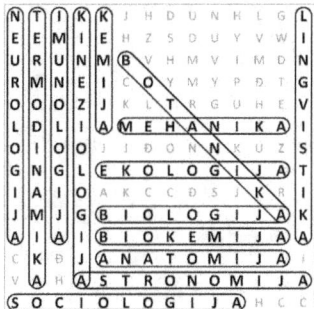

31 - Vögel

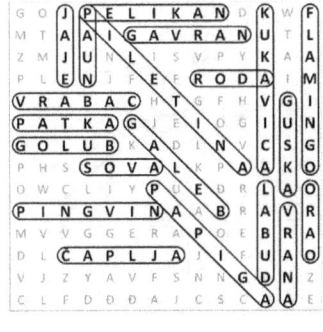

32 - Garten

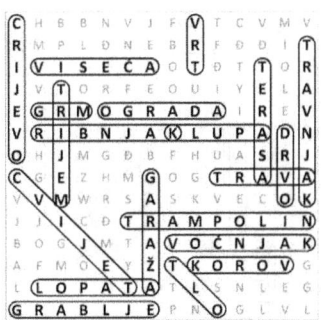

33 - Antarktis

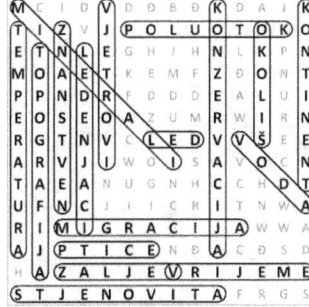

34 - Fahren

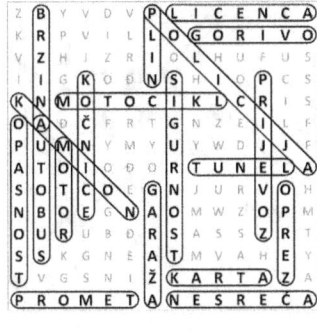

35 - Bücher

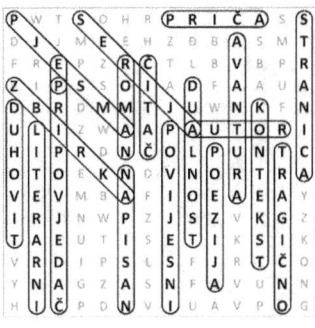

36 - Menschlicher Körper

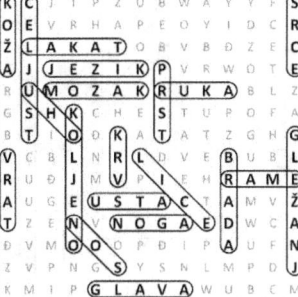

37 - Klettern

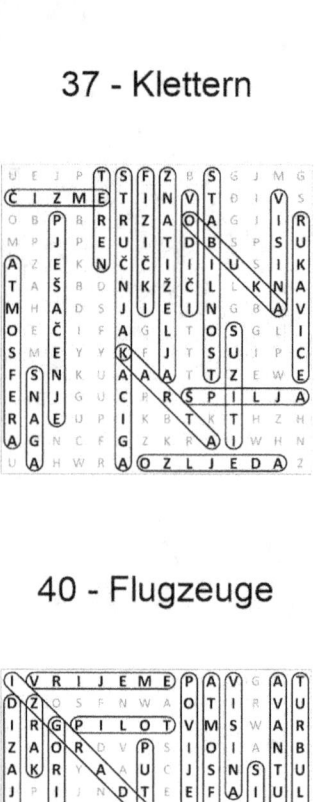

38 - Landschaften

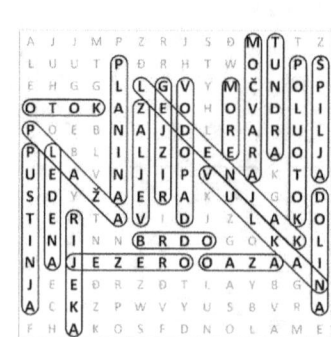

39 - Abenteuer

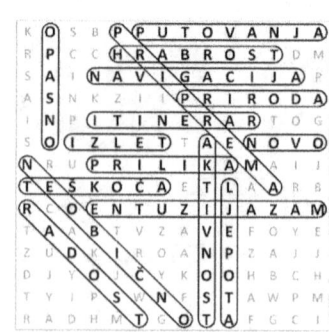

40 - Flugzeuge

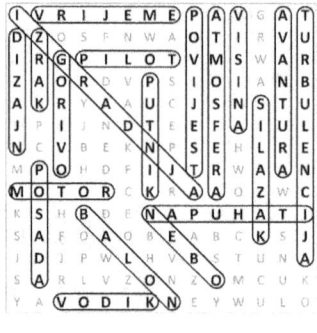

41 - Haartypen

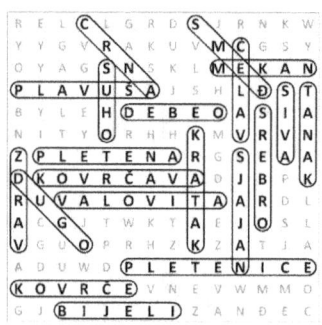

42 - Essen #1

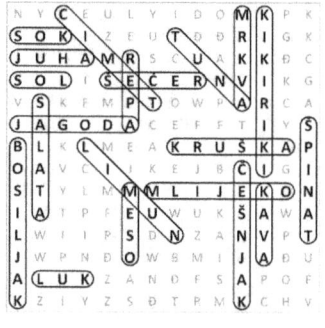

43 - Gebäude

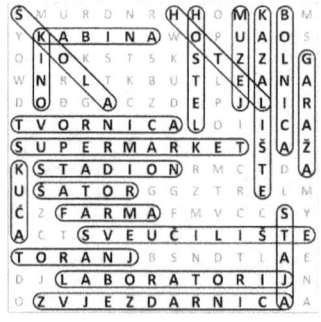

44 - Angeln

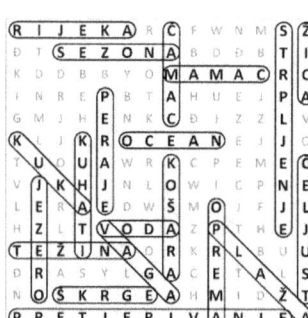

45 - Regenwald

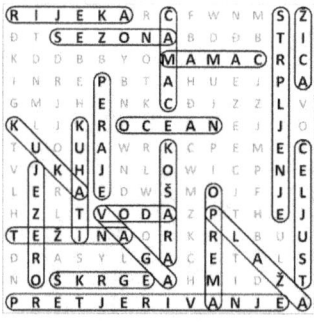

46 - Essen #2

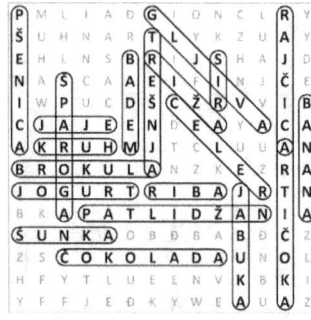

47 - Familie

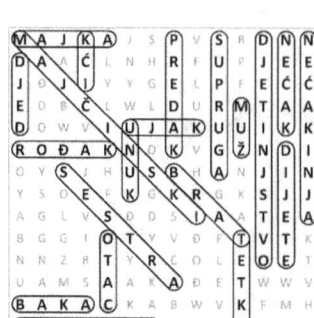

48 - Pflanzen

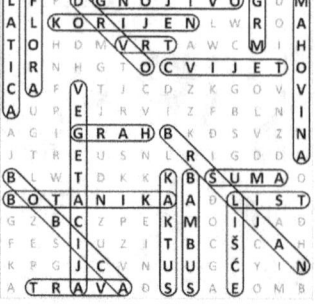

49 - Kunst

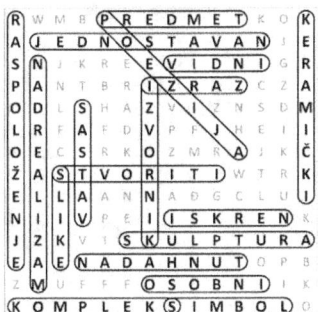

50 - Gewürze

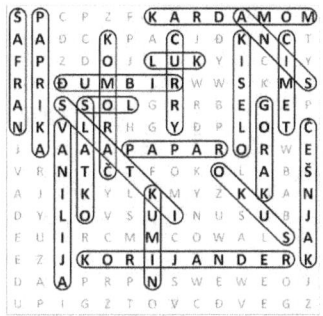

51 - Gemüse

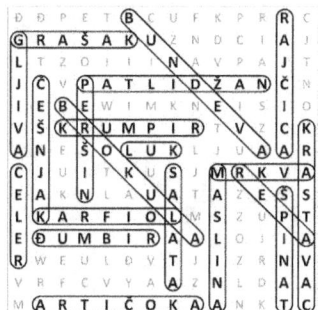

52 - Katzen

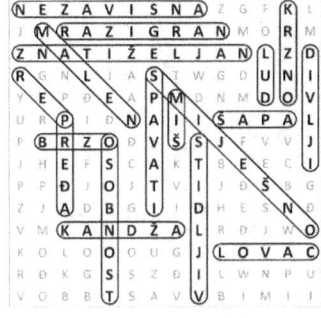

53 - Tanzen

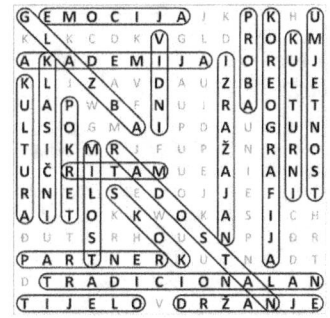

54 - Ernährung

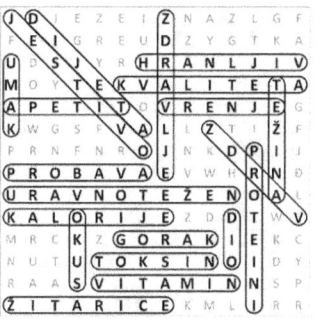

55 - Technologie

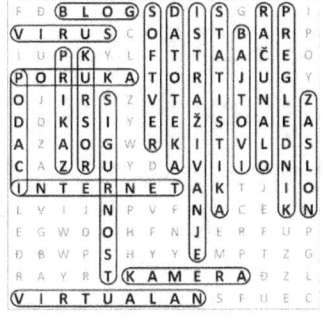

56 - Wasser

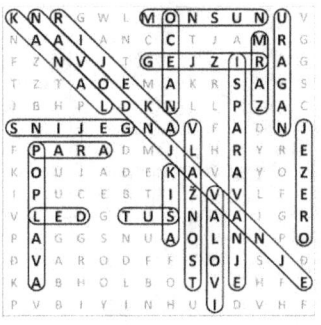

57 - Science Fiction

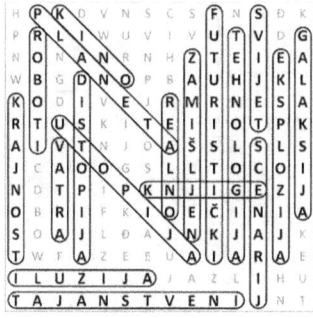

58 - Haustiere

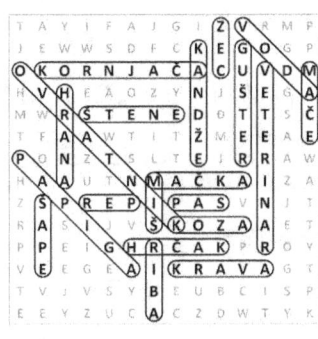

59 - Geburtstag

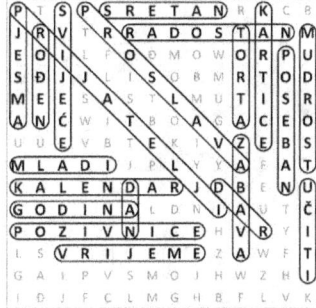

60 - Literatur

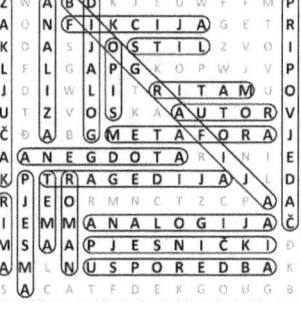

61 - Wandern

62 - Länder #2

63 - Fahrzeuge

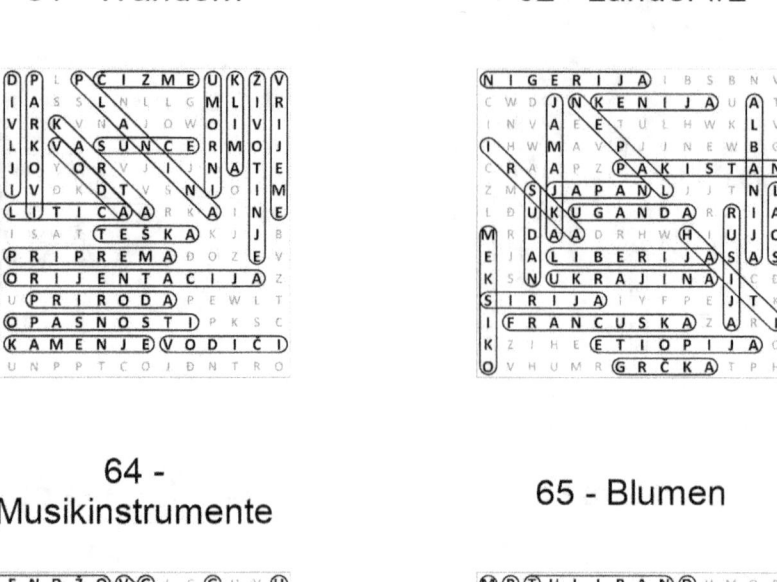

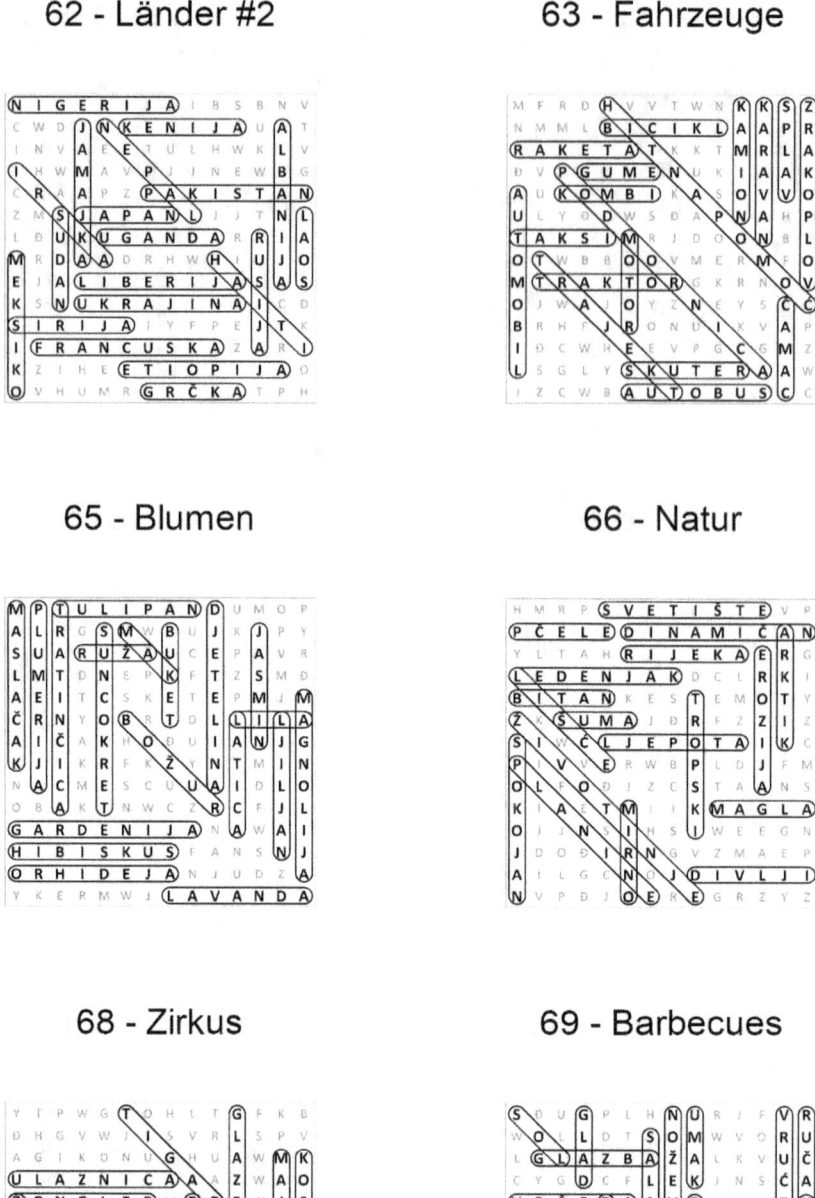

64 - Musikinstrumente

65 - Blumen

66 - Natur

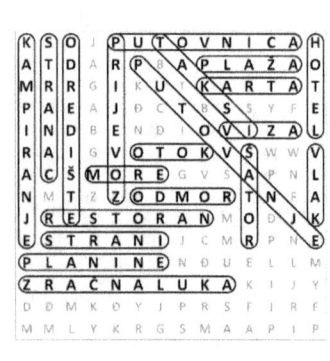

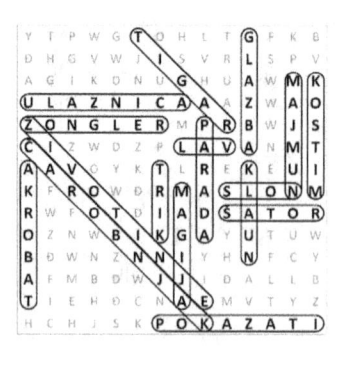

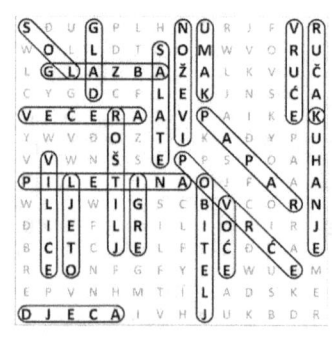

67 - Urlaub #2

68 - Zirkus

69 - Barbecues

70 - Küche

71 - Schach

72 - Erhaltung

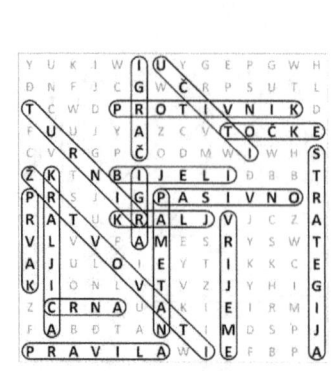

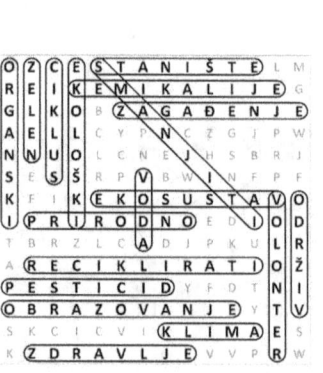

73 - Geographie

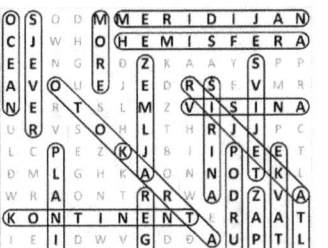

74 - Zahlen

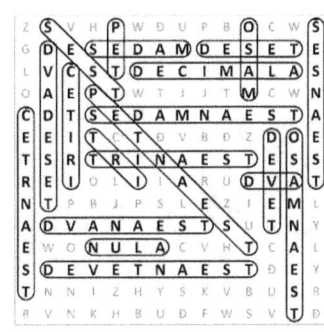

75 - Kunst Liefert

76 - Tage und Monate

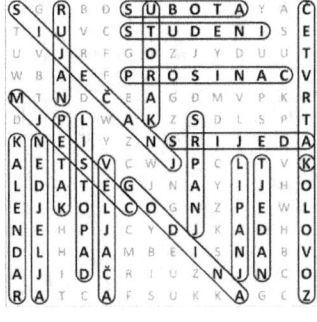

77 - Piraten

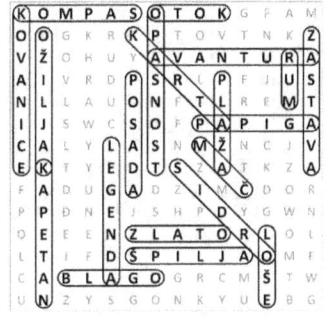

78 - Emotionen

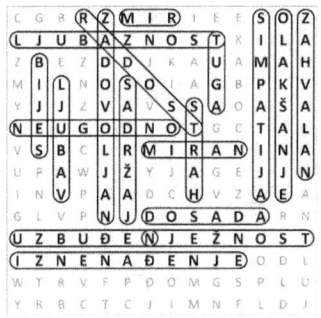

79 - Zu Füllen

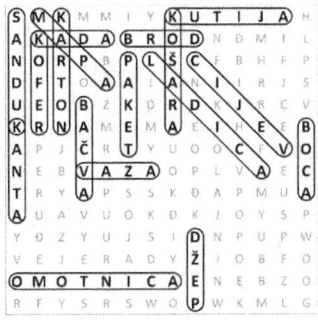

80 - Surfen

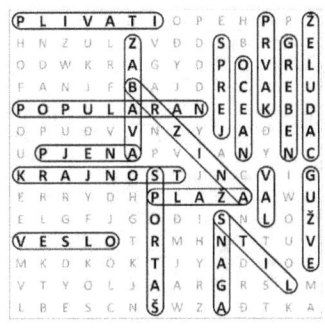

81 - Möbel

82 - Kräuterkunde

83 - Tugenden #1

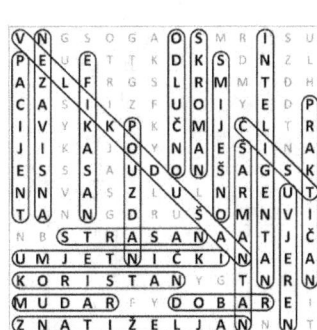

84 - Aktivitäten und Freizeit

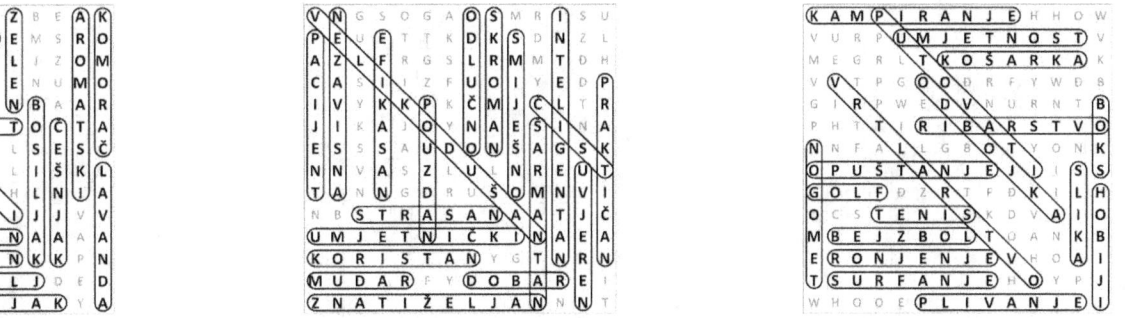

85 - Formen

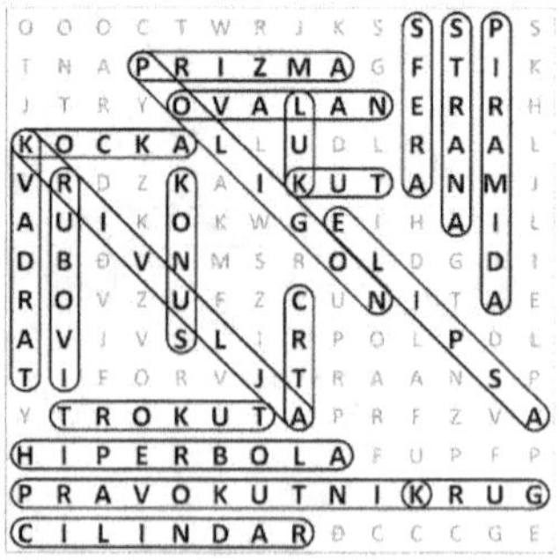

86 - Adjektive #2

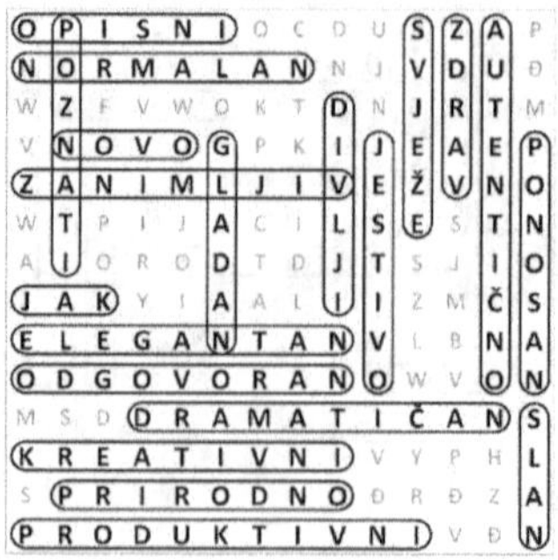

87 - Kleidung

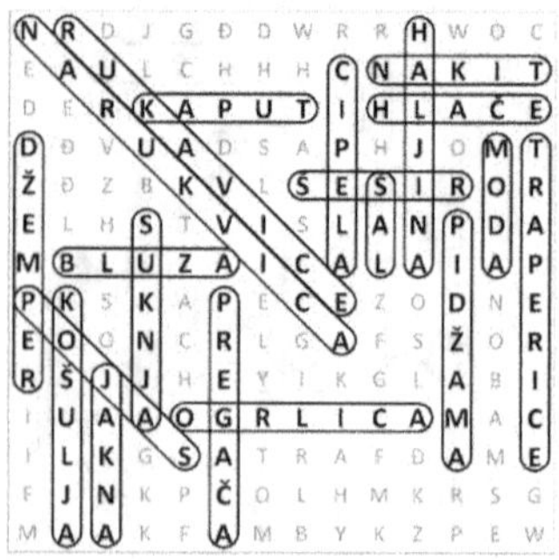

88 - Sommer

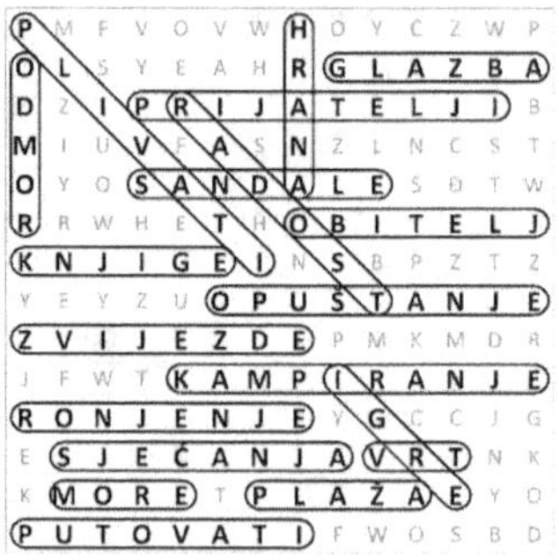

89 - Farben

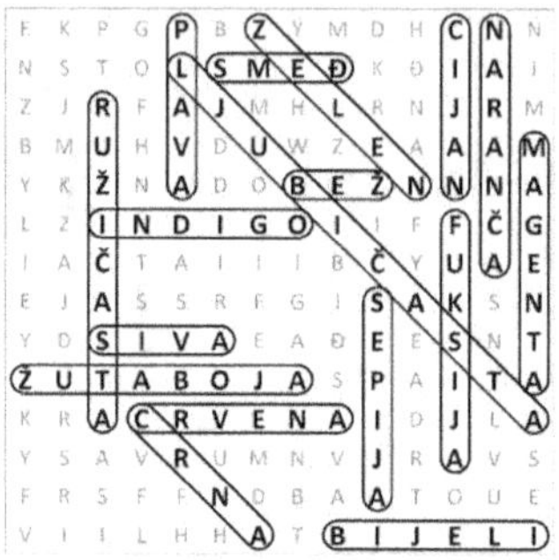

90 - Haus

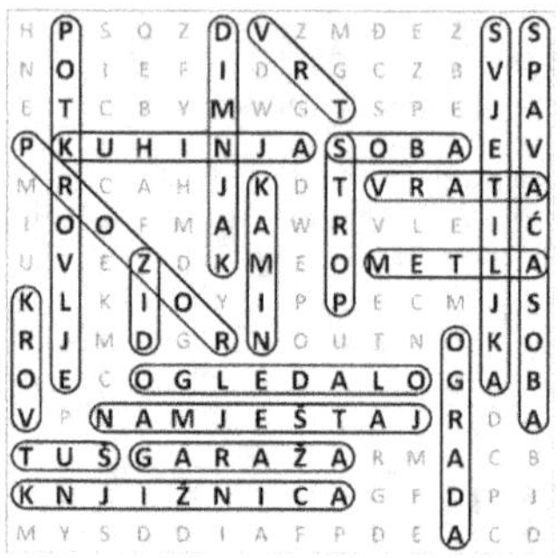

91 - Bauernhof #1

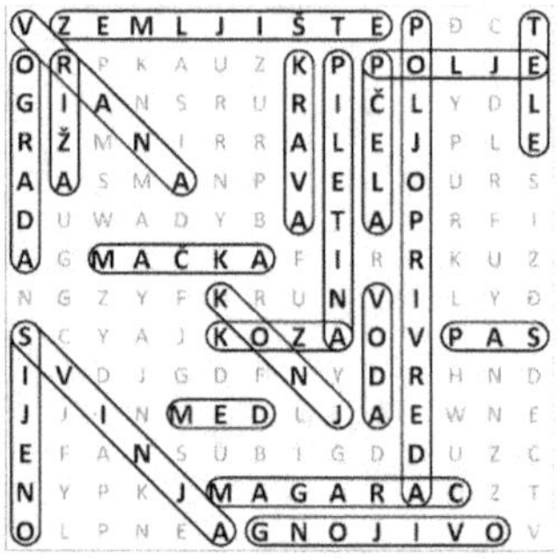

92 - Berufe #1

93 - Adjektive #1

94 - Mathematik

95 - Messungen

96 - Schlösser

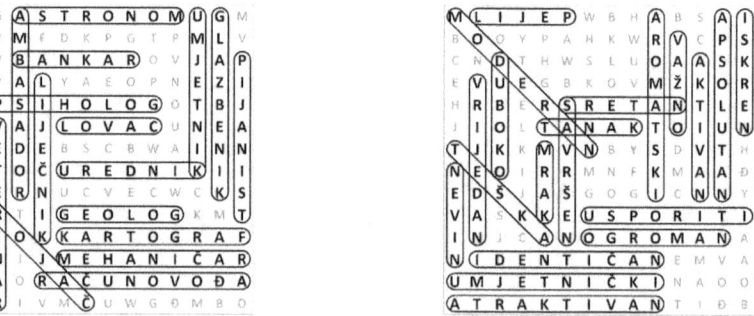
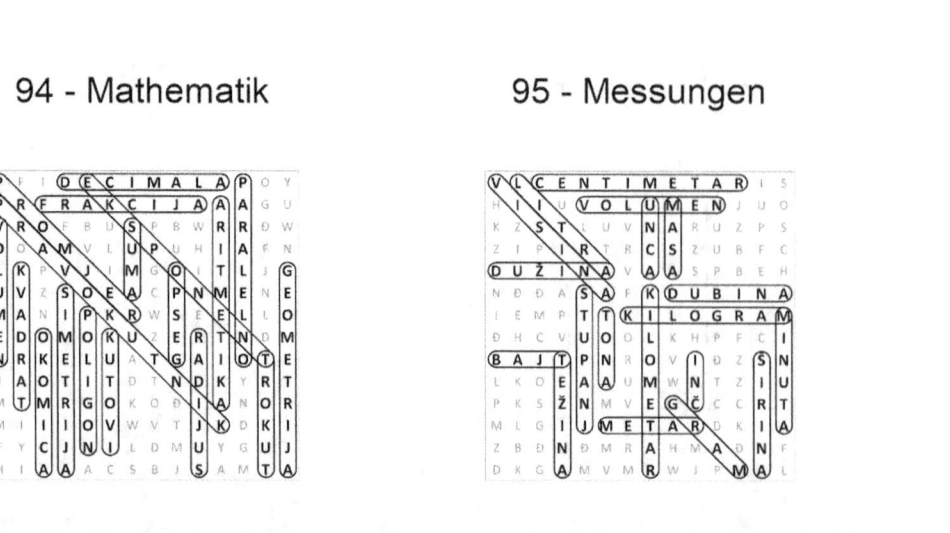
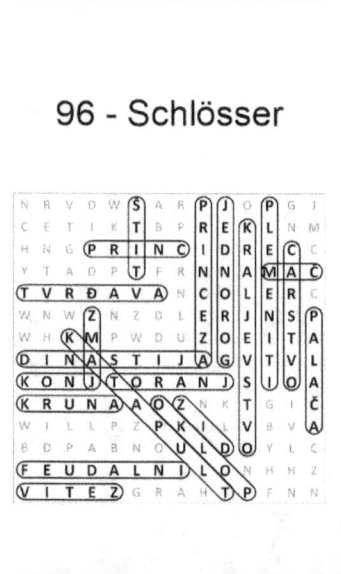

97 - Bauernhof #2

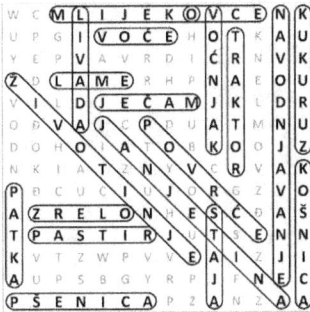

98 - Berufe #2

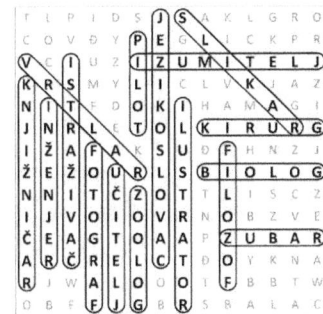

99 - Erforschung

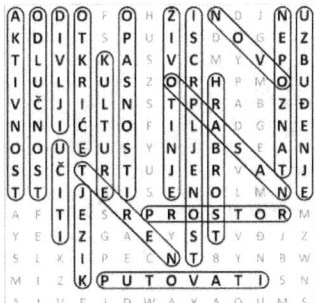

100 - Wetter

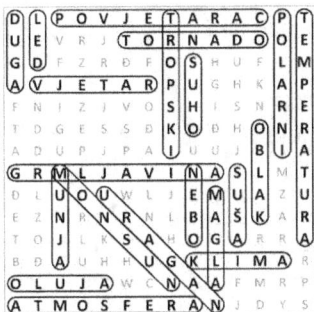

Wörterbuch

Abenteuer
Avantura

Aktivität	Aktivnost
Ausflug	Izlet
Begeisterung	Entuzijazam
Chance	Prilika
Freude	Radost
Freunde	Prijatelji
Gefährlich	Opasno
Natur	Priroda
Navigation	Navigacija
Neu	Novo
Reisen	Putovanja
Route	Itinerar
Schönheit	Ljepota
Schwierigkeit	Teškoća
Sicherheit	Sigurnost
Tapferkeit	Hrabrost
Ungewöhnlich	Neobično
Überraschend	Iznenađujući
Vorbereitung	Priprema
Ziel	Odredište

Adjektive #1
Pridjevi № 1

Absolut	Apsolutan
Aktiv	Aktivan
Aromatisch	Aromatski
Attraktiv	Atraktivan
Dunkel	Mrak
Dünn	Tanak
Ehrlich	Iskren
Glücklich	Sretan
Identisch	Identičan
Künstlerisch	Umjetnički
Langsam	Usporiti
Modern	Moderan
Perfekt	Savršen
Riesig	Ogroman
Schön	Lijep
Schwer	Teška
Tief	Duboko
Unschuldig	Nevin
Wertvoll	Vrijedan
Wichtig	Važno

Adjektive #2
Pridjevi № 2

Authentisch	Autentično
Berühmt	Poznati
Beschreibend	Opisni
Dramatisch	Dramatičan
Elegant	Elegantan
Essbar	Jestivo
Frisch	Svježe
Gesund	Zdrav
Hungrig	Gladan
Interessant	Zanimljiv
Kreativ	Kreativni
Natürlich	Prirodno
Neu	Novo
Normal	Normalan
Produktiv	Produktivni
Salzig	Slan
Stark	Jak
Stolz	Ponosan
Verantwortlich	Odgovoran
Wild	Divlji

Aktivitäten
Aktivnosti

Aktivität	Aktivnost
Angeln	Ribarstvo
Camping	Kampiranje
Entspannung	Opuštanje
Fähigkeit	Vještina
Fotografie	Fotografija
Gartenarbeit	Vrtlarstvo
Gemälde	Slika
Jagd	Lov
Keramik	Keramika
Kunst	Umjetnost
Kunsthandwerk	Obrt
Lesen	Čitanje
Magie	Magija
Nähen	Šivanje
Spiele	Igre
Stricken	Pletenje
Tanzen	Ples
Vergnügen	Zadovoljstvo
Wandern	Pješačenje

Aktivitäten und Freizeit
Zabava i Slobodno Vrijeme

Angeln	Ribarstvo
Baseball	Bejzbol
Basketball	Košarka
Boxen	Boks
Camping	Kampiranje
Entspannend	Opuštanje
Fussball	Nogomet
Gartenarbeit	Vrtlarstvo
Gemälde	Slika
Golf	Golf
Hobbies	Hobiji
Kunst	Umjetnost
Reise	Putovati
Schwimmen	Plivanje
Surfen	Surfanje
Tauchen	Ronjenje
Tennis	Tenis
Volleyball	Odbojka
Wandern	Pješačenje

Angeln
Ribarstvo

Ausrüstung	Oprema
Boot	Čamac
Draht	Žica
Flossen	Peraje
Fluss	Rijeka
Geduld	Strpljenje
Gewicht	Težina
Haken	Kuka
Jahreszeit	Sezona
Kiefer	Čeljust
Kiemen	Škrge
Kochen	Kuhati
Korb	Košara
Köder	Mamac
Ozean	Ocean
See	Jezero
Strand	Plaža
Übertreibung	Pretjerivanje
Waage	Vaga
Wasser	Voda

Antarktis
Antarktika

Bucht	Zaljev
Eis	Led
Erhaltung	Konzervacija
Expedition	Ekspedicija
Felsig	Stjenovita
Forscher	Istraživač
Geographie	Geografija
Gletscher	Ledenjaci
Halbinsel	Poluotok
Kontinent	Kontinent
Migration	Migracija
Mineralien	Minerali
Temperatur	Temperatura
Topographie	Topografija
Umwelt	Okoliš
Vögel	Ptice
Wasser	Voda
Wetter	Vrijeme
Wind	Vjetrovi
Wissenschaftlich	Znanstven

Astronomie
Astronomija

Asteroid	Asteroid
Astronaut	Astronaut
Astronom	Astronom
Erde	Zemlja
Himmel	Nebo
Komet	Komet
Konstellation	Konstelacija
Kosmos	Kozmos
Meteor	Meteor
Mond	Mjesec
Nebel	Maglica
Observatorium	Zvjezdarnica
Planet	Planeta
Rakete	Raketa
Satellit	Satelit
Stern	Zvijezda
Supernova	Supernova
Teleskop	Teleskop
Tierkreis	Zodijak
Universum	Svemir

Ballett
Balet

Anmutig	Graciozan
Applaus	Pljesak
Ausdrucksvoll	Izražajan
Ballerina	Balerina
Choreographie	Koreografija
Fähigkeit	Vještina
Geste	Gesta
Intensität	Intenzitet
Komponist	Skladatelj
Künstlerisch	Umjetnički
Musik	Glazba
Muskel	Mišići
Orchester	Orkestar
Probe	Proba
Publikum	Publika
Rhythmus	Ritam
Solo	Solo
Stil	Stil
Tänzer	Plesači
Technik	Tehnika

Barbecues
Roštilji

Abendessen	Večera
Familie	Obitelj
Frucht	Voće
Gabeln	Vilice
Gemüse	Povrće
Grill	Roštilj
Heiss	Vruće
Huhn	Piletina
Hunger	Glad
Kinder	Djeca
Kochen	Kuhanje
Messer	Noževi
Mittagessen	Ručak
Musik	Glazba
Pfeffer	Papar
Salate	Salate
Salz	Sol
Sommer	Ljeto
Sosse	Umak
Spiele	Igre

Bauernhof #1
Farma Broj 1

Biene	Pčela
Dünger	Gnojivo
Esel	Magarac
Feld	Polje
Heu	Sijeno
Honig	Med
Huhn	Piletina
Hund	Pas
Kalb	Tele
Katze	Mačka
Krähe	Vrana
Kuh	Krava
Land	Zemljište
Landwirtschaft	Poljoprivreda
Pferd	Konj
Reis	Riža
Schwein	Svinja
Wasser	Voda
Zaun	Ograda
Ziege	Koza

Bauernhof #2
Farma № 2

Bewässerung	Navodnjavanje
Bienenstock	Košnica
Ente	Patka
Frucht	Voće
Gemüse	Povrće
Gerste	Ječam
Lama	Lame
Lamm	Janjetina
Mais	Kukuruz
Milch	Mlijeko
Obstgarten	Voćnjak
Reif	Zrelo
Schaf	Ovce
Schäfer	Pastir
Scheune	Staja
Tiere	Životinje
Traktor	Traktor
Weizen	Pšenica
Wiese	Livada
Windmühle	Vjetrenjača

Berufe #1
Zanimanja № 1

Arzt	Liječnik
Astronom	Astronom
Bankier	Bankar
Botschafter	Ambasador
Buchhalter	Računovođa
Editor	Urednik
Geologe	Geolog
Jäger	Lovac
Juwelier	Zlatar
Kartograph	Kartograf
Künstler	Umjetnik
Mechaniker	Mehaničar
Musiker	Glazbenik
Pianist	Pijanist
Psychologe	Psiholog
Rechtsanwalt	Odvjetnik
Schneider	Krojač
Tänzer	Plesačica
Tierarzt	Veterinar
Trainer	Trener

Berufe #2
Zanimanja № 2

Arzt	Liječnik
Astronaut	Astronaut
Bibliothekar	Knjižničar
Biologe	Biolog
Chirurg	Kirurg
Detektiv	Detektiv
Erfinder	Izumitelj
Forscher	Istraživač
Fotograf	Fotograf
Gärtner	Vrtlar
Illustrator	Ilustrator
Ingenieur	Inženjer
Journalist	Novinar
Lehrer	Učitelj
Linguist	Jezikoslovac
Maler	Slikar
Philosoph	Filozof
Pilot	Pilot
Zahnarzt	Zubar
Zoologe	Zoolog

Bienen
Pčele

Bestäuber	Oprašivač
Bienenkorb	Košnica
Blumen	Cvijeće
Blüte	Cvijet
Flügel	Krila
Frucht	Voće
Garten	Vrt
Honig	Med
Insekt	Kukac
Königin	Kraljica
Lebensraum	Stanište
Ökosystem	Ekosustav
Pflanzen	Bilje
Pollen	Pelud
Rauch	Dim
Schwarm	Roj
Sonne	Sunce
Vielfalt	Raznolikost
Vorteilhaft	Korisno
Wachs	Vosak

Bildende Kunst
Vizualne Umjetnosti

Architektur	Arhitektura
Bleistift	Olovka
Film	Film
Gemälde	Slika
Holzkohle	Ugljen
Keramik	Keramika
Kreativität	Kreativnost
Kreide	Kreda
Künstler	Umjetnik
Lack	Lak
Meisterwerk	Remek-Djelo
Perspektive	Perspektiva
Porträt	Portret
Schablone	Matrica
Skulptur	Skulptura
Staffelei	Stalak
Ton	Glina
Wachs	Vosak
Zusammensetzung	Sastav

Blumen
Cvijeće

Blütenblatt	Latica
Gardenie	Gardenija
Gänseblümchen	Tratinčica
Hibiskus	Hibiskus
Jasmin	Jasmin
Klee	Djetelina
Lavendel	Lavanda
Lila	Lila
Lilie	Ljiljan
Löwenzahn	Maslačak
Magnolie	Magnolija
Mohn	Mak
Orchidee	Orhideja
Pfingstrose	Božur
Plumeria	Plumerija
Rose	Ruža
Sonnenblume	Suncokret
Strauss	Buket
Tulpe	Tulipan

Boote
Brodovi

Anker	Sidro
Boje	Plutača
Crew	Posada
Dock	Pristanište
Fähre	Trajekt
Floss	Splav
Fluss	Rijeka
Kajak	Kajak
Kanu	Kanu
Mast	Jarbol
Meer	More
Motor	Motor
Nautisch	Pomorski
Ozean	Ocean
See	Jezero
Seemann	Mornar
Segelboot	Jedrilica
Seil	Uže
Wellen	Valovi
Yacht	Jahta

Bücher
Knjige

Abenteuer	Avantura
Autor	Autor
Dualität	Dualnost
Episch	Ep
Erfinderisch	Inventivni
Erzähler	Pripovjedač
Gedicht	Pjesma
Geschichte	Priča
Geschrieben	Napisan
Historisch	Povijesni
Humorvoll	Duhovit
Kollektion	Zbirka
Kontext	Kontekst
Leser	Čitač
Literarisch	Literarni
Poesie	Poezija
Roman	Roman
Seite	Stranica
Serie	Serija
Tragisch	Tragično

Camping
Kampiranje

Abenteuer	Avantura
Berg	Planina
Feuer	Vatra
Hängematte	Viseća
Hut	Šešir
Insekt	Kukac
Jagd	Lov
Kabine	Kabina
Kanu	Kanu
Karte	Karta
Kompass	Kompas
Laterne	Fenjer
Mond	Mjesec
Natur	Priroda
See	Jezero
Seil	Uže
Spass	Zabava
Tiere	Životinje
Wald	Šuma
Zelt	Šator

Dinosaurier
Dinosauri

Allesfresser	Svejed
Art	Vrsta
Beute	Plijen
Bösartig	Začarani
Enorm	Ogroman
Erde	Zemlja
Evolution	Evolucija
Fleischfresser	Mesožder
Flügel	Krila
Fossilien	Fosili
Gross	Veliki
Grösse	Veličina
Leistungsstark	Snažan
Mammut	Mamut
Pflanzenfresser	Biljojedi
Prähistorisch	Prapovijesni
Reptil	Gmaz
Schwanz	Rep
Verschwinden	Nestanak

Emotionen
Emocije

Angst	Strah
Aufgeregt	Uzbuđen
Beschämt	Neugodno
Dankbar	Zahvalan
Freude	Radost
Freundlichkeit	Ljubaznost
Frieden	Mir
Inhalt	Sadržaj
Langeweile	Dosada
Liebe	Ljubav
Relief	Olakšanje
Ruhig	Miran
Sympathie	Simpatija
Traurigkeit	Tuga
Überraschen	Iznenađenje
Wut	Bijes
Zärtlichkeit	Nježnost
Zufrieden	Zadovoljan

Erforschung
Istraživanje

Aktivität	Aktivnost
Aufregung	Uzbuđenje
Entdeckung	Otkriće
Entschlossenheit	Odlučnost
Erschöpfung	Iscrpljenost
Gefahren	Opasnosti
Gefährlich	Opasan
Gelände	Teren
Kulturen	Kulture
Lernen	Učiti
Mut	Hrabrost
Neu	Novo
Raum	Prostor
Reise	Putovati
Sprache	Jezik
Tiere	Životinje
Unbekannt	Nepoznat
Wild	Divlji

Erhaltung
Konzervacija

Bildung	Obrazovanje
Chemikalien	Kemikalije
Freiwillige	Volonter
Gesundheit	Zdravlje
Grün	Zelen
Klima	Klima
Lebensraum	Stanište
Nachhaltig	Održiv
Natürlich	Prirodno
Organisch	Organski
Ökosystem	Ekosustav
Pestizid	Pesticid
Recyceln	Reciklirati
Reduzieren	Smanjiti
Umwelt	Ekološki
Verschmutzung	Zagađenje
Wasser	Voda
Zyklus	Ciklus

Ernährung
Prehrana

Appetit	Apetit
Ausgewogen	Uravnotežen
Bitter	Gorak
Diät	Dijeta
Essbar	Jestivo
Fermentation	Vrenje
Geschmack	Okus
Gesund	Zdrav
Gesundheit	Zdravlje
Getreide	Žitarice
Gewicht	Težina
Kalorien	Kalorije
Nährstoff	Hranljiv
Portion	Dio
Proteine	Proteini
Qualität	Kvaliteta
Sosse	Umak
Toxin	Toksin
Verdauung	Probava
Vitamin	Vitamin

Essen #1
Hrana # 1

Basilikum	Bosiljak
Birne	Kruška
Erdbeere	Jagoda
Erdnuss	Kikiriki
Fleisch	Meso
Kaffee	Kava
Karotte	Mrkva
Knoblauch	Češnjak
Milch	Mlijeko
Rübe	Repa
Saft	Sok
Salat	Salata
Salz	Sol
Spinat	Špinat
Suppe	Juha
Thunfisch	Tuna
Zimt	Cimet
Zitrone	Limun
Zucker	Šećer
Zwiebel	Luk

Essen #2
Hrana # 2

Apfel	Jabuka
Artischocke	Artičoka
Aubergine	Patlidžan
Banane	Banana
Brokkoli	Brokula
Brot	Kruh
Ei	Jaje
Fisch	Riba
Joghurt	Jogurt
Käse	Sir
Kirsche	Trešnja
Mandel	Badem
Pilz	Gljiva
Reis	Riža
Schinken	Šunka
Schokolade	Čokolada
Sellerie	Celer
Spargel	Šparoga
Tomate	Rajčica
Weizen	Pšenica

Fahren
Vožnja

Auto	Automobil
Bremsen	Kočnice
Brennstoff	Gorivo
Bus	Autobus
Garage	Garaža
Gas	Plin
Gefahr	Opasnost
Geschwindigkeit	Brzina
Karte	Karta
Lizenz	Licenca
Lkw	Kamion
Motor	Motor
Motorrad	Motocikl
Polizei	Policija
Sicherheit	Sigurnost
Transport	Prijevoz
Tunnel	Tunel
Unfall	Nesreća
Verkehr	Promet
Vorsicht	Oprez

Fahrzeuge
Vozila

Auto	Automobil
Boot	Čamac
Bus	Autobus
Fahrrad	Bicikl
Fähre	Trajekt
Floss	Splav
Flugzeug	Zrakoplov
Hubschrauber	Helikopter
Krankenwagen	Hitna Pomoć
Lkw	Kamion
Motor	Motor
Rakete	Raketa
Reifen	Gume
Roller	Skuter
Taxi	Taksi
Traktor	Traktor
U-Boot	Podmornica
Van	Kombi
Wohnwagen	Karavan
Zug	Vlak

Familie
Obitelj

Bruder	Brat
Ehefrau	Supruga
Ehemann	Muž
Enkel	Unuk
Grossmutter	Baka
Grossvater	Djed
Kind	Dijete
Kindheit	Djetinjstvo
Mutter	Majka
Mütterlich	Majčinski
Neffe	Nećak
Nichte	Nećakinja
Onkel	Ujak
Schwester	Sestra
Tante	Tetka
Tochter	Kći
Vater	Otac
Väterlich	Očinski
Vetter	Rođak
Vorfahr	Predak

Farben
Boje

Beige	Bež
Blau	Plava
Braun	Smeđ
Fuchsie	Fuksija
Gelb	Žuta Boja
Grau	Siva
Grün	Zelen
Indigo	Indigo
Lila	Ljubičasta
Magenta	Magenta
Orange	Naranča
Rosa	Ružičasta
Rot	Crvena
Schwarz	Crna
Sepia	Sepija
Weiss	Bijeli
Zyan	Cijan

Flugzeuge
Zrakoplovi

Abenteuer	Avantura
Abstieg	Silazak
Atmosphäre	Atmosfera
Aufblasen	Napuhati
Ballon	Balon
Brennstoff	Gorivo
Crew	Posada
Design	Dizajn
Geschichte	Povijest
Himmel	Nebo
Höhe	Visina
Konstruktion	Izgradnja
Luft	Zrak
Motor	Motor
Passagier	Putnik
Pilot	Pilot
Propeller	Propeleri
Turbulenz	Turbulencija
Wasserstoff	Vodik
Wetter	Vrijeme

Formen
Obrasci

Bogen	Luk
Dreieck	Trokut
Ecke	Kut
Ellipse	Elipsa
Hyperbel	Hiperbola
Kanten	Rubovi
Kegel	Konus
Kreis	Krug
Kugel	Sfera
Kurve	Krivulja
Linie	Crta
Oval	Ovalan
Polygon	Poligon
Prisma	Prizma
Pyramide	Piramida
Quadrat	Kvadrat
Rechteck	Pravokutnik
Seite	Strana
Würfel	Kocka
Zylinder	Cilindar

Garten
Vrt

Bank	Klupa
Baum	Drvo
Blume	Cvijet
Boden	Tlo
Busch	Grm
Garage	Garaža
Garten	Vrt
Gras	Trava
Hängematte	Viseća
Obstgarten	Voćnjak
Rasen	Travnjak
Rechen	Grablje
Schaufel	Lopata
Schlauch	Crijevo
Teich	Ribnjak
Terrasse	Terasa
Trampolin	Trampolin
Unkraut	Korov
Veranda	Trijem
Zaun	Ograda

Gebäude
Građevine

Bauernhof	Farma
Fabrik	Tvornica
Garage	Garaža
Haus	Kuća
Herberge	Hostel
Hotel	Hotel
Kabine	Kabina
Kino	Kino
Krankenhaus	Bolnica
Labor	Laboratorij
Museum	Muzej
Observatorium	Zvjezdarnica
Scheune	Staja
Schule	Škola
Stadion	Stadion
Supermarkt	Supermarket
Theater	Kazalište
Turm	Toranj
Universität	Sveučilište
Zelt	Šator

Geburtstag
Rođendan

Einladungen	Pozivnice
Feier	Proslava
Freudig	Radostan
Freunde	Prijatelji
Geboren	Rođen
Geschenk	Dar
Glücklich	Sretan
Jahr	Godina
Jung	Mladi
Kalender	Kalendar
Karten	Kartice
Kerzen	Svijeće
Kuchen	Torta
Lernen	Učiti
Lied	Pjesma
Spass	Zabava
Spezial	Poseban
Tag	Dan
Weisheit	Mudrost
Zeit	Vrijeme

Gemüse
Povrće

Artischocke	Artičoka
Aubergine	Patlidžan
Blumenkohl	Karfiol
Brokkoli	Brokula
Erbse	Grašak
Gurke	Krastavac
Ingwer	Đumbir
Karotte	Mrkva
Kartoffel	Krumpir
Knoblauch	Češnjak
Kürbis	Bundeva
Olive	Maslina
Petersilie	Peršin
Pilz	Gljiva
Rübe	Repa
Salat	Salata
Sellerie	Celer
Spinat	Špinat
Tomate	Rajčica
Zwiebel	Luk

Geographie
Geografija

Atlas	Atlas
Äquator	Ekvator
Berg	Planina
Breite	Širina
Fluss	Rijeka
Gebiet	Područje
Hemisphäre	Hemisfera
Höhe	Visina
Insel	Otok
Karte	Karta
Kontinent	Kontinent
Land	Zemlja
Meer	More
Meridian	Meridijan
Norden	Sjever
Ozean	Ocean
Region	Regija
Stadt	Grad
Welt	Svijet
West	Zapad

Geologie
Geologija

Erdbeben	Potres
Erosion	Erozija
Fossil	Fosil
Geschmolzen	Rastopljen
Geysir	Gejzir
Höhle	Kaverna
Kalzium	Kalcij
Kontinent	Kontinent
Koralle	Koralja
Lava	Lava
Mineralien	Minerali
Plateau	Plato
Quarz	Kvarc
Salz	Sol
Säure	Kiselina
Stalagmiten	Stalagmiti
Stalaktit	Stalaktit
Stein	Kamen
Vulkan	Vulkan
Zone	Zona

Gewürze
Začini

Anis	Anis
Bitter	Gorak
Curry	Curry
Fenchel	Komorač
Geschmack	Okus
Ingwer	Đumbir
Kardamom	Kardamom
Knoblauch	Češnjak
Koriander	Korijander
Kreuzkümmel	Kumin
Lakritze	Slatki
Paprika	Paprika
Pfeffer	Papar
Safran	Šafran
Salz	Sol
Sauer	Kiselo
Süss	Slatko
Vanille	Vanilija
Zimt	Cimet
Zwiebel	Luk

Haartypen
Vrste Kose

Blond	Plavuša
Braun	Smeđ
Dick	Debeo
Dünn	Tanak
Geflochten	Pletena
Gesund	Zdrav
Glänzend	Sjajan
Grau	Siva
Kahl	Ćelav
Kurz	Kratak
Lang	Dugo
Locken	Kovrče
Lockig	Kovrčava
Schwarz	Crna
Silber	Srebro
Trocken	Suho
Weich	Mekan
Weiss	Bijeli
Wellig	Valovita
Zöpfe	Pletenice

Haus
Kuća

Besen	Metla
Bibliothek	Knjižnica
Dach	Krov
Dachboden	Potkrovlje
Decke	Strop
Dusche	Tuš
Fenster	Prozor
Garage	Garaža
Garten	Vrt
Kamin	Kamin
Küche	Kuhinja
Lampe	Svjetiljka
Möbel	Namještaj
Schlafzimmer	Spavaća Soba
Schornstein	Dimnjak
Spiegel	Ogledalo
Tür	Vrata
Wand	Zid
Zaun	Ograda
Zimmer	Soba

Haustiere
Kući Ljubimci

Eidechse	Gušter
Essen	Hrana
Fisch	Riba
Hamster	Hrčak
Hase	Zec
Hund	Pas
Katze	Mačka
Kätzchen	Mače
Kragen	Ovratnik
Krallen	Kandže
Kuh	Krava
Maus	Miš
Papagei	Papiga
Pfoten	Šape
Schildkröte	Kornjača
Schwanz	Rep
Tierarzt	Veterinar
Wasser	Voda
Welpe	Štene
Ziege	Koza

Insekten
Insekti

Ameise	Mrav
Biene	Pčela
Blattlaus	Lisne Uši
Floh	Buha
Gottesanbeterin	Bogomoljka
Heuschrecke	Skakavac
Hornisse	Stršljen
Kakerlake	Žohar
Käfer	Buba
Larve	Larva
Libelle	Vilin Konjic
Marienkäfer	Bubamara
Motte	Moljac
Mücke	Komarac
Schmetterling	Leptir
Termite	Termit
Wespe	Osa
Wurm	Crv
Zikade	Cvrčak

Katzen
Mačke

Fell	Krzno
Garn	Pređa
Jäger	Lovac
Komisch	Smiješno
Kralle	Kandža
Maus	Miš
Neugierig	Znatiželjan
Persönlichkeit	Osobnost
Pfote	Šapa
Schlafen	Spavati
Schnell	Brzo
Schüchtern	Stidljiv
Schwanz	Rep
Unabhängig	Nezavisna
Verrückt	Lud
Verspielt	Razigran
Wenig	Malen
Wild	Divlji

Kleidung
Odjeća

Armband	Narukvica
Bluse	Bluza
Gürtel	Pojas
Halskette	Ogrlica
Handschuhe	Rukavice
Hemd	Košulja
Hose	Hlače
Hut	Šešir
Jacke	Jakna
Jeans	Traperice
Kleid	Haljina
Mantel	Kaput
Mode	Moda
Pullover	Džemper
Rock	Suknja
Schal	Šal
Schlafanzug	Pidžama
Schmuck	Nakit
Schuh	Cipela
Schürze	Pregača

Klettern
Penjanje po Stijenama

Atmosphäre	Atmosfera
Ausbildung	Obuka
Experte	Stručnjak
Führer	Vodiči
Gelände	Teren
Handschuhe	Rukavice
Helm	Kaciga
Höhe	Visina
Höhle	Špilja
Karte	Karta
Neugier	Znatiželja
Physisch	Fizički
Schmal	Suziti
Stabilität	Stabilnost
Stärke	Snaga
Stiefel	Čizme
Verletzung	Ozljeda
Wandern	Pješačenje

Komödie
Komedija

Applaus	Pljesak
Ausdrucksvoll	Izražajan
Clowns	Klaunovi
Fernsehen	Televizija
Genre	Žanr
Humor	Humor
Improvisation	Improvizacija
Klug	Pametan
Komisch	Smiješno
Lachen	Smijeh
Parodie	Parodija
Publikum	Publika
Schauspieler	Glumac
Schauspielerin	Glumica
Spass	Zabava
Theater	Kazalište
Witze	Šale

Kräuterkunde
Herbalizam

Aromatisch	Aromatski
Basilikum	Bosiljak
Blume	Cvijet
Dill	Kopar
Estragon	Dragulj
Fenchel	Komorač
Garten	Vrt
Geschmack	Okus
Grün	Zelen
Knoblauch	Češnjak
Kulinarisch	Kulinarski
Lavendel	Lavanda
Majoran	Mažuran
Petersilie	Peršin
Qualität	Kvaliteta
Rosmarin	Ružmarin
Safran	Šafran
Thymian	Timijan
Vorteilhaft	Korisno
Zutat	Sastojak

Kunst
Umjetnost

Ausdruck	Izraz
Ehrlich	Iskren
Einfach	Jednostavan
Gegenstand	Predmet
Gemälde	Slike
Inspiriert	Nadahnut
Keramik	Keramički
Komplex	Kompleks
Original	Izvornik
Persönlich	Osobni
Poesie	Poezija
Schaffen	Stvoriti
Skulptur	Skulptura
Stimmung	Raspoloženje
Surrealismus	Nadrealizam
Symbol	Simbol
Visuell	Vidni
Zusammensetzung	Sastav

Kunst Liefert
Umjetnički Pribor

Acryl	Akril
Bleistifte	Olovke
Buntstifte	Bojice
Bürsten	Četke
Farben	Boje
Holzkohle	Ugljen
Ideen	Ideje
Kamera	Kamera
Kreativität	Kreativnost
Leim	Ljepilo
Öl	Ulje
Papier	Papir
Radiergummi	Brisač
Staffelei	Stalak
Stuhl	Stolica
Tabelle	Stol
Tinte	Tinta
Ton	Glina
Wasser	Voda

Küche
Kuhinja

Essen	Hrana
Gabeln	Vilice
Gefrierschrank	Zamrzivač
Gewürze	Začini
Grill	Roštilj
Kelle	Kutlača
Krug	Vrč
Kühlschrank	Hladnjak
Löffel	Žlice
Messer	Noževi
Ofen	Pećnica
Rezept	Recept
Schürze	Pregača
Schüssel	Zdjela
Schwamm	Spužva
Serviette	Ubrus
Tassen	Šalice
Wasserkocher	Čajnik

Landschaften
Krajolici

Berg	Planina
Eisberg	Ledena
Fluss	Rijeka
Geysir	Gejzir
Gletscher	Ledenjak
Golf	Zaljev
Halbinsel	Poluotok
Höhle	Špilja
Hügel	Brdo
Insel	Otok
Meer	More
Oase	Oaza
See	Jezero
Strand	Plaža
Sumpf	Močvara
Tal	Dolina
Tundra	Tundra
Vulkan	Vulkan
Wasserfall	Vodopad
Wüste	Pustinja

Länder #2
Zemlje № 2

Albanien	Albanija
Äthiopien	Etiopija
Frankreich	Francuska
Griechenland	Grčka
Haiti	Haiti
Irland	Irska
Jamaika	Jamajka
Japan	Japan
Kenia	Kenija
Laos	Laos
Liberia	Liberija
Mexiko	Meksiko
Nepal	Nepal
Nigeria	Nigerija
Pakistan	Pakistan
Russland	Rusija
Sudan	Sudan
Syrien	Sirija
Uganda	Uganda
Ukraine	Ukrajina

Literatur
Književnost

Analogie	Analogija
Analyse	Analiza
Anekdote	Anegdota
Autor	Autor
Beschreibung	Opis
Biographie	Biografija
Dialog	Dijalog
Erzähler	Pripovjedač
Fiktion	Fikcija
Gedicht	Pjesma
Metapher	Metafora
Poetisch	Pjesnički
Reim	Rima
Rhythmus	Ritam
Roman	Roman
Schlussfolgerung	Zaključak
Stil	Stil
Thema	Tema
Tragödie	Tragedija
Vergleich	Usporedba

Mathematik
Matematika

Arithmetik	Aritmetika
Bruchteil	Frakcija
Dezimal	Decimala
Dreieck	Trokut
Durchmesser	Promjer
Exponent	Eksponent
Geometrie	Geometrija
Gleichung	Jednadžba
Parallel	Paralelno
Parallelogramm	Paralelogram
Polygon	Poligon
Quadrat	Kvadrat
Radius	Radijus
Rechteck	Pravokutnik
Senkrecht	Okomica
Summe	Suma
Symmetrie	Simetrija
Umfang	Opseg
Volumen	Volumen
Winkel	Kutovi

Meditation
Meditacija

Annahme	Prihvaćanje
Aufmerksamkeit	Pažnja
Bewegung	Pokret
Dankbarkeit	Zahvalnost
Freundlichkeit	Ljubaznost
Frieden	Mir
Gedanken	Misli
Geistig	Mentalno
Glück	Sreća
Klarheit	Jasnoća
Lehre	Učenja
Lernen	Učiti
Mitgefühl	Suosjećanje
Musik	Glazba
Natur	Priroda
Perspektive	Perspektiva
Ruhig	Miran
Stille	Tišina
Verstand	Um
Wach	Budan

Meisterschaft
Prvenstvo

Ausdauer	Izdržljivost
Champion	Prvak
Finalist	Finalist
Liga	Liga
Mannschaft	Tim
Medaille	Medalja
Meisterschaft	Prvenstvo
Motivation	Motivacija
Performance	Izvođenje
Richter	Sudac
Schweiss	Znojenje
Sieg	Pobjeda
Spiele	Igre
Sport	Sportski
Strategie	Strategija
Trainer	Trener
Turnier	Turnir

Menschlicher Körper
Ljudsko Tijelo

Bein	Noga
Blut	Krv
Ellbogen	Lakat
Finger	Prst
Gehirn	Mozak
Gesicht	Lice
Hals	Vrat
Hand	Ruka
Haut	Koža
Herz	Srce
Kiefer	Čeljust
Kinn	Brada
Knie	Koljeno
Knöchel	Gležanj
Kopf	Glava
Mund	Usta
Nase	Nos
Ohr	Uho
Schulter	Rame
Zunge	Jezik

Messungen
Mjerenja

Breite	Širina
Byte	Bajt
Dezimal	Decimala
Gewicht	Težina
Grad	Stupanj
Gramm	Gram
Höhe	Visina
Kilogramm	Kilogram
Kilometer	Kilometar
Länge	Dužina
Liter	Litra
Masse	Masa
Meter	Metar
Minute	Minuta
Tiefe	Dubina
Tonne	Tona
Unze	Unca
Volumen	Volumen
Zentimeter	Centimetar
Zoll	Inč

Möbel
Namještaj

Bank	Klupa
Bett	Krevet
Bettdecke	Tješi
Couch	Kauč
Futon	Futon
Hängematte	Viseća
Kissen	Jastuk
Lampe	Svjetiljka
Matratze	Madrac
Regal	Police
Schrank	Ormar
Schreibtisch	Stol
Sessel	Fotelja
Spiegel	Ogledalo
Stuhl	Stolica
Teppich	Tepih
Vorhang	Zavjese

Musikinstrumente
Glazbeni Instrumenti

Banjo	Bendžo
Cello	Violončelo
Fagott	Fagot
Flöte	Flauta
Geige	Violina
Gitarre	Gitara
Gong	Gong
Harfe	Harfa
Klarinette	Klarinet
Klavier	Klavir
Mandoline	Mandolina
Marimba	Marimba
Mundharmonika	Harmonika
Oboe	Oboa
Posaune	Trombon
Saxophon	Saksofon
Schlagzeug	Udaraljke
Tamburin	Tamburaški
Trommel	Bubanj
Trompete	Truba

Mythologie
Mitologija

Archetyp	Arhetip
Blitz	Munja
Donner	Grmljavina
Eifersucht	Ljubomora
Held	Junak
Himmel	Nebo
Katastrophe	Katastrofa
Kreation	Stvaranje
Kreatur	Stvorenje
Krieger	Ratnik
Kultur	Kultura
Labyrinth	Labirint
Legende	Legenda
Magisch	Čarobni
Monster	Čudovište
Rache	Osveta
Stärke	Snaga
Sterblich	Smrtnik
Unsterblichkeit	Besmrtnost
Verhalten	Ponašanje

Natur
Priroda

Arktis	Arktik
Berge	Planine
Bienen	Pčele
Dynamisch	Dinamičan
Erosion	Erozija
Fluss	Rijeka
Friedlich	Mirno
Gletscher	Ledenjak
Heiligtum	Svetište
Heiter	Spokojan
Laub	Lišće
Lebenswichtig	Bitan
Nebel	Magla
Schönheit	Ljepota
Schutz	Sklonište
Tiere	Životinje
Tropisch	Tropski
Wald	Šuma
Wild	Divlji
Wüste	Pustinja

Obst
Voće

Ananas	Ananas
Apfel	Jabuka
Aprikose	Marelica
Avocado	Avokado
Banane	Banana
Beere	Bobica
Birne	Kruška
Brombeere	Kupina
Grapefruit	Grejp
Himbeere	Malina
Kirsche	Trešnja
Kiwi	Kivi
Kokosnuss	Kokos
Melone	Dinja
Orange	Naranča
Papaya	Papaja
Pfirsich	Breskva
Pflaume	Šljiva
Traube	Grožđe
Zitrone	Limun

Ozean
Ocean

Aal	Jegulja
Auster	Kamenica
Boot	Čamac
Delfin	Dupin
Fisch	Riba
Garnele	Škampi
Gezeiten	Plime
Hai	Morski Pas
Koralle	Koralja
Krabbe	Rak
Krake	Hobotnica
Qualle	Meduza
Riff	Greben
Salz	Sol
Schildkröte	Kornjača
Schwamm	Spužva
Sturm	Oluja
Thunfisch	Tuna
Wal	Kit
Wellen	Valovi

Ökologie
Ekologija

Art	Vrsta
Berge	Planine
Dürre	Suša
Fauna	Fauna
Flora	Flora
Freiwillige	Volonteri
Gemeinschaft	Zajednice
Global	Globalno
Klima	Klima
Lebensraum	Stanište
Marine	Pomorski
Nachhaltig	Održiv
Natur	Priroda
Natürlich	Prirodno
Pflanzen	Bilje
Ressourcen	Resursi
Sumpf	Močvara
Überleben	Opstanak
Vegetation	Vegetacija
Vielfalt	Raznolikost

Pflanzen
Biljke

Bambus	Bambus
Baum	Drvo
Beere	Bobica
Blatt	List
Blume	Cvijet
Blütenblatt	Latica
Bohne	Grah
Botanik	Botanika
Busch	Grm
Dünger	Gnojivo
Efeu	Bršljan
Flora	Flora
Garten	Vrt
Gras	Trava
Kaktus	Kaktus
Laub	Lišće
Moos	Mahovina
Vegetation	Vegetacija
Wald	Šuma
Wurzel	Korijen

Piraten
Gusari

Abenteuer	Avantura
Anker	Sidro
Crew	Posada
Flagge	Zastava
Gefahr	Opasnost
Gold	Zlato
Höhle	Špilja
Insel	Otok
Kapitän	Kapetan
Karte	Karta
Kompass	Kompas
Legende	Legenda
Münzen	Kovanice
Narbe	Ožiljak
Papagei	Papiga
Rum	Rum
Schatz	Blago
Schlecht	Loše
Schwert	Mač
Strand	Plaža

Regenwald
Prašuma

Amphibien	Vodozemci
Art	Vrsta
Botanisch	Botanički
Dschungel	Džungla
Einheimisch	Autohtono
Gemeinschaft	Zajednica
Insekten	Kukci
Klima	Klima
Moos	Mahovina
Natur	Priroda
Respekt	Poštovanje
Säugetiere	Sisavci
Überleben	Opstanak
Vielfalt	Raznolikost
Vögel	Ptice
Wertvoll	Vrijedan
Wolken	Oblaci
Zuflucht	Utočište

Restaurant #1
Restoran Broj 1

Allergie	Alergija
Brot	Kruh
Dessert	Desert
Essen	Hrana
Fleisch	Meso
Huhn	Piletina
Kaffee	Kava
Kassierer	Blagajnik
Kellnerin	Konobarica
Küche	Kuhinja
Menü	Jelovnik
Messer	Nož
Reservierung	Rezervacija
Schüssel	Zdjela
Serviette	Ubrus
Sosse	Umak
Teller	Tanjur
Würzig	Akutni

Restaurant #2
Restoran Broj 2

Abendessen	Večera
Eis	Led
Fisch	Riba
Frucht	Voće
Gabel	Vilica
Gemüse	Povrće
Getränk	Piće
Gewürze	Začini
Kellner	Konobar
Köstlich	Ukusno
Kuchen	Torta
Löffel	Žlica
Mittagessen	Ručak
Nudeln	Rezanci
Salat	Salata
Salz	Sol
Stuhl	Stolica
Suppe	Juha
Vorspeise	Predjelo
Wasser	Voda

Säugetiere
Sisavci

Affe	Majmun
Bär	Snositi
Biber	Dabar
Elefant	Slon
Fuchs	Lisica
Giraffe	Žirafa
Gorilla	Gorila
Hund	Pas
Känguru	Klokan
Kojote	Kojot
Löwe	Lav
Panther	Pantera
Pferd	Konj
Ratte	Štakor
Schaf	Ovce
Stier	Bik
Tiger	Tigar
Wal	Kit
Wolf	Vuk
Zebra	Zebra

Schach
Šah

Champion	Prvak
Diagonal	Dijagonala
Gegner	Protivnik
Klug	Pametan
König	Kralj
Königin	Kraljica
Lernen	Učiti
Opfer	Žrtvovati
Passiv	Pasivno
Punkte	Točke
Regeln	Pravila
Schwarz	Crna
Spiel	Igra
Spieler	Igrač
Strategie	Strategija
Turnier	Turnir
Weiss	Bijeli
Wettbewerb	Natjecanje
Zeit	Vrijeme

Schlösser
Dvorci

Drache	Zmaj
Dynastie	Dinastija
Edel	Plemeniti
Einhorn	Jednorog
Festung	Tvrđava
Feudal	Feudalni
Katapult	Katapult
Königreich	Kraljevstvo
Krone	Kruna
Palast	Palača
Pferd	Konj
Prinz	Princ
Prinzessin	Princeza
Reich	Carstvo
Ritter	Vitez
Rüstung	Oklop
Schild	Štit
Schwert	Mač
Turm	Toranj
Wand	Zid

Schokolade
Čokolada

Aroma	Aroma
Bitter	Gorak
Erdnüsse	Kikiriki
Essen	Jesti
Exotisch	Egzotično
Favorit	Omiljeni
Geschmack	Okus
Handwerklich	Zanatski
Kakao	Kakao
Kalorien	Kalorije
Karamell	Karamela
Kokosnuss	Kokos
Köstlich	Ukusno
Pulver	Prah
Qualität	Kvaliteta
Rezept	Recept
Süss	Slatko
Verlangen	Žudnja
Zucker	Šećer
Zutat	Sastojak

Schule #1
Škola Broj 1

Alphabet	Abeceda
Antworten	Odgovori
Bibliothek	Knjižnica
Bleistift	Olovka
Bücher	Knjige
Freunde	Prijatelji
Klassenzimmer	Učionica
Lehrer	Učitelj
Lernen	Učiti
Mathematik	Matematika
Mittagessen	Ručak
Ordner	Mape
Papier	Papir
Prüfungen	Ispiti
Quiz	Kviz
Schreibtisch	Stol
Spass	Zabava
Stifte	Olovke
Stuhl	Stolica
Zahlen	Brojevi

Schule #2
Škola Broj 2

Bibliothek	Knjižnica
Bildung	Obrazovanje
Bleistift	Olovka
Bus	Autobus
Bücher	Knjige
Computer	Računalo
Grammatik	Gramatika
Kalender	Kalendar
Lehrer	Učitelj
Lernen	Učenje
Lesen	Čitanje
Literatur	Književnost
Papier	Papir
Radiergummi	Brisač
Rucksack	Ruksak
Schere	Škare
Stifte	Olovke
Wissenschaft	Znanost
Wochenende	Vikendom
Wörterbuch	Rječnik

Science Fiction
Znanstvena Fantastika

Bücher	Knjige
Dystopie	Distopija
Explosion	Eksplozija
Extrem	Krajnost
Fantastisch	Fantastičan
Feuer	Vatra
Futuristisch	Futuristički
Galaxie	Galaksija
Geheimnisvoll	Tajanstveni
Illusion	Iluzija
Imaginär	Zamišljen
Kino	Kino
Orakel	Proročište
Planet	Planeta
Realistisch	Realno
Roboter	Roboti
Szenario	Scenarij
Technologie	Tehnologija
Utopie	Utopija
Welt	Svijet

Sommer
Ljeto

Bücher	Knjige
Camping	Kampiranje
Entspannung	Opuštanje
Erinnerungen	Sjećanja
Essen	Hrana
Familie	Obitelj
Freude	Radost
Freunde	Prijatelji
Garten	Vrt
Meer	More
Musik	Glazba
Reise	Putovati
Sandalen	Sandale
Schwimmen	Plivati
Spiele	Igre
Sterne	Zvijezde
Strand	Plaža
Tauchen	Ronjenje
Urlaub	Odmor

Spielzeuge
Igračke

Auto	Automobil
Ball	Lopta
Boot	Čamac
Buntstifte	Bojice
Bücher	Knjige
Drachen	Zmaj
Fahrrad	Bicikl
Favorit	Omiljeni
Flugzeug	Zrakoplov
Kunsthandwerk	Obrt
Lkw	Kamion
Phantasie	Mašta
Puppe	Lutka
Roboter	Robot
Schach	Šah
Schlagzeug	Bubnjevi
Spiele	Igre
Ton	Glina
Zug	Vlak

Sport
Sportski

Athlet	Sportaš
Baseball	Bejzbol
Basketball	Košarka
Bewegung	Pokret
Eishockey	Hokej
Fahrrad	Bicikl
Gewinner	Pobjednik
Golf	Golf
Gymnasium	Gimnazija
Gymnastik	Gimnastika
Mannschaft	Tim
Meisterschaft	Prvenstvo
Schiedsrichter	Sudac
Schwimmen	Plivati
Spiel	Igra
Spieler	Igrač
Stadion	Stadion
Tennis	Tenis
Trainer	Trener

Stadt
Grad

Apotheke	Ljekarna
Bank	Banka
Bäckerei	Pekara
Bibliothek	Knjižnica
Blumenhändler	Cvjećar
Buchhandlung	Knjižara
Flughafen	Zračna Luka
Galerie	Galerija
Hotel	Hotel
Kino	Kino
Klinik	Klinika
Markt	Tržište
Museum	Muzej
Restaurant	Restoran
Schule	Škola
Stadion	Stadion
Supermarkt	Supermarket
Theater	Kazalište
Universität	Sveučilište
Zoo	Zoološki Vrt

Strand
Plaža

Blau	Plava
Boot	Čamac
Dock	Pristanište
Handtuch	Ručnik
Insel	Otok
Krabbe	Rak
Küste	Obala
Lagune	Laguna
Meer	More
Ozean	Ocean
Regenschirm	Kišobran
Riff	Greben
Sand	Pijesak
Sandalen	Sandale
Schwimmen	Plivati
Segelboot	Jedrilica
Sonne	Sunce
Urlaub	Odmor

Surfen
Surfanje

Anfänger	Početnik
Athlet	Sportaš
Beliebt	Popularan
Champion	Prvak
Extrem	Krajnost
Geschwindigkeit	Brzina
Magen	Želudac
Mengen	Gužve
Ozean	Ocean
Paddel	Veslo
Riff	Greben
Schaum	Pjena
Schwimmen	Plivati
Spass	Zabava
Spray	Sprej
Stärke	Snaga
Stil	Stil
Strand	Plaža
Welle	Val
Wetter	Vrijeme

Tage und Monate
Dani i Mjeseci

August	Kolovoz
Dezember	Prosinac
Dienstag	Utorak
Donnerstag	Četvrtak
Februar	Veljača
Freitag	Petak
Jahr	Godina
Januar	Siječanj
Juli	Srpanj
Juni	Lipanj
Kalender	Kalendar
Mittwoch	Srijeda
Monat	Mjesec
Montag	Ponedjeljak
November	Studeni
Oktober	Listopad
Samstag	Subota
September	Rujan
Sonntag	Nedjelja
Woche	Tjedan

Tanzen
Ples

Akademie	Akademija
Anmut	Milost
Ausdrucksvoll	Izražajan
Bewegung	Pokret
Choreographie	Koreografija
Emotion	Emocija
Freudig	Radostan
Haltung	Držanje
Klassisch	Klasični
Körper	Tijelo
Kultur	Kultura
Kulturell	Kulturni
Kunst	Umjetnost
Musik	Glazba
Partner	Partner
Probe	Proba
Rhythmus	Ritam
Springen	Skok
Traditionell	Tradicionalan
Visuell	Vidni

Technologie
Tehnologija

Anzeige	Prikaz
Bildschirm	Zaslon
Blog	Blog
Browser	Preglednik
Bytes	Bajtovi
Computer	Računalo
Cursor	Kursor
Datei	Datoteka
Daten	Podaci
Digital	Digitalni
Forschung	Istraživanje
Internet	Internet
Kamera	Kamera
Nachricht	Poruka
Sicherheit	Sigurnost
Software	Softver
Statistik	Statistika
Virtuell	Virtualan
Virus	Virus

Tugenden #1
Vrline # 1

Bescheiden	Skroman
Charmant	Šarmantan
Effizient	Efikasan
Entscheidend	Odlučno
Geduldig	Pacijent
Grosszügig	Velikodušan
Gut	Dobar
Hilfreich	Koristan
Intelligent	Inteligentan
Komisch	Smiješno
Künstlerisch	Umjetnički
Leidenschaftlich	Strasan
Neugierig	Znatiželjan
Praktisch	Praktičan
Sauber	Čist
Unabhängig	Nezavisna
Weise	Mudar
Zuverlässig	Pouzdan
Zuversichtlich	Uvjeren

Urlaub #2
Odmor № 2

Ausländer	Stranac
Ausländisch	Strani
Berge	Planine
Camping	Kampiranje
Flughafen	Zračna Luka
Hotel	Hotel
Insel	Otok
Karte	Karta
Meer	More
Pass	Putovnica
Reise	Putovanje
Restaurant	Restoran
Strand	Plaža
Taxi	Taksi
Transport	Prijevoz
Urlaub	Odmor
Visum	Viza
Zelt	Šator
Ziel	Odredište
Zug	Vlak

Vögel
Ptice

Adler	Orao
Ei	Jaje
Ente	Patka
Eule	Sova
Flamingo	Flamingo
Gans	Guska
Huhn	Piletina
Krähe	Vrana
Kuckuck	Kukavica
Möwe	Galeb
Papagei	Papiga
Pelikan	Pelikan
Pfau	Paun
Pinguin	Pingvin
Rabe	Gavran
Reiher	Čaplja
Schwan	Labud
Spatz	Vrabac
Storch	Roda
Taube	Golub

Wandern
Planinarenje

Berg	Planina
Camping	Kampiranje
Führer	Vodiči
Gefahren	Opasnosti
Karte	Karta
Klima	Klima
Klippe	Litica
Müde	Umorni
Natur	Priroda
Orientierung	Orijentacija
Parks	Parkovi
Schwer	Teška
Sonne	Sunce
Steine	Kamenje
Stiefel	Čizme
Tiere	Životinje
Vorbereitung	Priprema
Wasser	Voda
Wetter	Vrijeme
Wild	Divlji

Wasser
Voda

Bewässerung	Navodnjavanje
Dampf	Para
Dusche	Tuš
Eis	Led
Feuchtigkeit	Vlažnost
Fluss	Rijeka
Flut	Poplava
Frost	Mraz
Geysir	Gejzir
Hurrikan	Uragan
Kanal	Kanal
Monsun	Monsun
Ozean	Ocean
Regen	Kiša
Schnee	Snijeg
See	Jezero
Verdunstung	Isparavanje
Wellen	Valovi

Wetter
Vrijeme

Atmosphäre	Atmosfera
Blitz	Munja
Brise	Povjetarac
Donner	Grmljavina
Dürre	Suša
Eis	Led
Himmel	Nebo
Hurrikan	Uragan
Klima	Klima
Monsun	Monsun
Nebel	Magla
Polar	Polarni
Regenbogen	Duga
Sturm	Oluja
Temperatur	Temperatura
Tornado	Tornado
Trocken	Suho
Tropisch	Tropski
Wind	Vjetar
Wolke	Oblak

Wissenschaft
Znanost

Atom	Atom
Chemisch	Kemijski
Daten	Podaci
Evolution	Evolucija
Experiment	Eksperiment
Fossil	Fosil
Hypothese	Hipoteza
Klima	Klima
Labor	Laboratorij
Methode	Metoda
Mineralien	Minerali
Moleküle	Molekule
Natur	Priroda
Organismus	Organizam
Partikel	Čestice
Pflanzen	Bilje
Physik	Fizika
Schwerkraft	Gravitacija
Tatsache	Činjenica
Wissenschaftler	Znanstvenik

Wissenschaftliche Disziplinen
Znanstvene Discipline

Anatomie	Anatomija
Archäologie	Arheologija
Astronomie	Astronomija
Biochemie	Biokemija
Biologie	Biologija
Botanik	Botanika
Chemie	Kemija
Geologie	Geologija
Immunologie	Imunologija
Kinesiologie	Kineziologija
Linguistik	Lingvistika
Mechanik	Mehanika
Mineralogie	Mineralogija
Neurologie	Neurologija
Ökologie	Ekologija
Physiologie	Fiziologija
Psychologie	Psihologija
Soziologie	Sociologija
Thermodynamik	Termodinamika
Zoologie	Zoologija

Zahlen
Brojevi

Acht	Osam
Achtzehn	Osamnaest
Dezimal	Decimala
Drei	Tri
Dreizehn	Trinaest
Fünf	Pet
Fünfzehn	Petnaest
Neun	Devet
Neunzehn	Devetnaest
Null	Nula
Sechs	Šest
Sechzehn	Šesnaest
Sieben	Sedam
Siebzehn	Sedamnaest
Vier	Četiri
Vierzehn	Četrnaest
Zehn	Deset
Zwanzig	Dvadeset
Zwei	Dva
Zwölf	Dvanaest

Zeit
Vrijeme

Früh	Rano
Gestern	Jučer
Heute	Danas
Jahr	Godina
Jahrhundert	Stoljeće
Jahrzehnt	Desetljeće
Jährlich	Godišnji
Jetzt	Sada
Kalender	Kalendar
Minute	Minuta
Mittag	Podne
Monat	Mjesec
Morgen	Jutro
Nach	Nakon
Nacht	Noć
Tag	Dan
Uhr	Sat
Vor	Prije
Woche	Tjedan
Zukunft	Budućnost

Zirkus
Cirkus

Affe	Majmun
Akrobat	Akrobat
Clown	Klaun
Elefant	Slon
Fahrkarte	Ulaznica
Jongleur	Žongler
Kostüm	Kostim
Löwe	Lav
Magie	Magija
Musik	Glazba
Parade	Parada
Spektakulär	Spektakularan
Tiere	Životinje
Tiger	Tigar
Trick	Trik
Unterhalten	Zabavljati
Zauberer	Čarobnjak
Zeigen	Pokazati
Zelt	Šator
Zuschauer	Gledatelj

Zu Füllen
Za Popunjavanje

Box	Kutija
Eimer	Kanta
Fass	Bačva
Flasche	Boca
Karton	Karton
Kiste	Sanduk
Koffer	Kofer
Korb	Košara
Mappe	Mapa
Paket	Paket
Rohr	Cijev
Schiff	Brod
Schublade	Ladica
Tasche	Džep
Umschlag	Omotnica
Vase	Vaza
Wanne	Kada

Gratuliere

Sie haben es geschafft !!

Wir hoffen, dass euch dieses Buch genauso viel Spaß gemacht hat wie uns dessen Herstellung. Wir tun unser Bestes, um qualitativ hochwertige Spiele zu erfinden. Diese Rätsel sind auf eine clevere Art und Weise entworfen, damit sie aktiv lernen und daran Vergnügen finden.

Hat ihnen das Buch gefallen ?

Eine einfache Bitte

Unsere Bücher existieren dank der Rezensionen, die sie veröffentlichen. Können sie uns helfen indem sie jetzt eine Meinung hinterlassen ?

Hier ist ein kurzer Link, der Sie zu ihrer Bewertungsseite führt

 BestBooksActivity.com/Rezension50

MONSTER HERAUSFÖRDERUNGEN !

Herausförderung 1

Bereit für ihr Bonusspiel? Wir verwenden sie ständig, aber sie sind nicht einfach zu finden. Es sind die **Synonyme** !

Notieren sie 5 Wörter, die sie in den untenstehenden Rätseln (Nummer 21, 36 und 76) entdeckt haben und versuchen sie für jedes Wort 2 Synonyme zu finden .

Notieren sie 5 Wörter aus **Rätsel 21**

Wörter	Synonym 1	Synonym 2

Notieren sie 5 Wörter aus **Rätsel 36**

Wörter	Synonym 1	Synonym 2

Notieren sie 5 Wörter aus **Rätsel 76**

Wörter	Synonym 1	Synonym 2

Herausförderung 2

Jetzt, wo sie warm sind, notieren sie 5 Wörter, die sie in jedem der untenaufgeführten Rätseln entdeckt haben (Nummer 9, 17 und 25) und versuchen sie für jedes Wort 2 Antonyme zu finden. Wie viele davon können sie binnen 20 Minuten finden ?

Notieren sie 5 Wörter aus **Rätsel 9**

Wörter	Antonym 1	Antonym 2

Notieren sie 5 Wörter aus **Rätsel 17**

Wörter	Antonym 1	Antonym 2

Notieren sie 5 Wörter aus **Rätsel 25**

Wörter	Antonym 1	Antonym 2

Herausförderung 3

Wunderbar, diese Monster Herausförderung 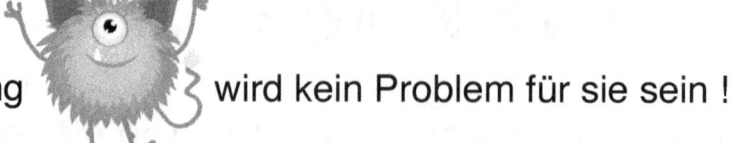 wird kein Problem für sie sein !

Bereit für die letzte Herausförderung? Wählen sie ihre 10 Lieblingswörter aus, die sie in einem Rätsel entdeckt haben und notieren sie sie unten.

1.	6.
2.	7.
3.	8.
4.	9.
5.	10.

Die Aufgabe besteht nun darin mit diesen Wörtern und in maximal sechs Sätzen einen Text herzustellen über eine Person, ein Tier oder ein Ort den sie lieben !

Tipp : sie können die letzten leeren Seiten dieses Buches als Entwurf verwenden

Ihr Schreiben :

NOTIZBUCH :

AUF BALDIGES WIEDERSEHEN !

Linguas Classics